# THE WORLD ALMANAC®
# BRAIN-BOOSTING
# WORD SEARCHES

## 150 LARGE-PRINT PUZZLES!

**WORLD ALMANAC BOOKS**

Copyright © 2023 by Hollan Publishing, Inc.

All rights reserved. No part of this book may be reproduced in any manner without the express written consent of the publisher, except in the case of brief excerpts in critical reviews or articles. All inquiries should be addressed to World Almanac, 307 West 36th Street, 11th Floor, New York, NY 10018.

World Almanac books may be purchased in bulk at special discounts for sales promotion, corporate gifts, fundraising, or educational purposes. Special editions can also be created to specifications. For details, contact the Special Sales Department, 307 West 36th Street, 11th Floor, New York, NY 10018 or info@skyhorsepublishing.com.

Published by World Almanac Books, an imprint of Skyhorse Publishing, Inc., 307 West 36th Street, 11th Floor, New York, NY 10018.

The World Almanac® is a registered trademark of Skyhorse Publishing, Inc. All rights reserved.

www.skyhorsepublishing.com

10 9 8 7 6 5 4 3 2 1

Cover design by Melissa Gerber

Graphics by Shutterstock

Library of Congress Cataloging-in-Publication Data is available on file.

ISBN: 978-1-5107-7432-2

Printed in the United States of America

# Sports

## NBA Teams

```
T S M C S R E K A L M Z
H L D R E B Z Z T X W T
U L Y B U L Z Z P C A Y
N U K C S A T S L E R V
D B K U J M R I H W Q B
E S N D T O P S C L B L
R S K L I P Z D R S L X
K L G R E R D L L U Z N
T T R R Y M L R Y X P N
N A S T R L D M W P Y S
W X W M M G Q D V X J Y
```

| | | |
|---|---|---|
| **Celtics** | **Heat** | **Spurs** |
| **Warriors** | **Bucks** | **Bulls** |
| **Lakers** | **Thunder** | **Clippers** |
| **Jazz** | **Suns** | |

*See answer on page 162.*

# U.S. History

## 1960s

| | |
|---|---|
| **Freedom Rides** | **Voting Rights Act** |
| **John F. Kennedy** | **Super Bowl** |
| *Psycho* | **Neil Armstrong** |
| **Peace Corps** | **Woodstock** |
| **March on Washington** | *Sesame Street* |

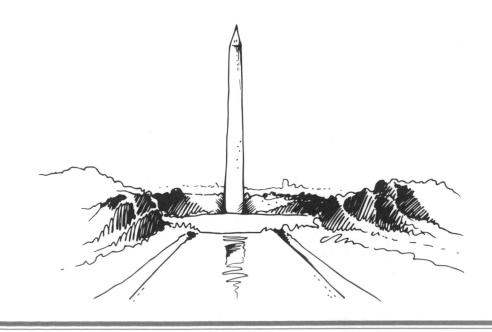

# World Facts

## Notable Architecture

```
D L E A N I N G T O W E R
S O J L N Z T Y T Z M P A
D P M Z N R X B Y U P I T
I E M E D O M P E L H W L
M R N K O J E S T P L L W
A S D O L F S H O N A J T
R E J T T O T S T W M A L
Y P J B L R A H T N J Q B
P O R O N I E A E M A D Q
T L C L G D E D A R K P M
A I B A X R T H A L O N B
E S H D G D A Q M M W C Y
R R Y J Y L L K R G E Q K
G L M K Y L W W J X T B K
```

| | | |
|---|---|---|
| **Pantheon** | **Great Pyramids** | **Notre Dame** |
| **Colosseum** | **Hagia Sophia** | **Persepolis** |
| **Great Wall** | **Dome of the Rock** | |
| **Leaning Tower** | **Taj Mahal** | |

*See answer on page 163.*

# Science and Technology

## Record-Breaking Steel Roller Coasters

```
E C R O F M U I N N E L L I M M
R R R E D F O R C E N L R X J W
I M A G N W Z P X R M J Q B N D
A L R S T O B R W T Q W L Q L B
T F N M S D G M Y B M L J Y K D
L U J J N O Y A Q K I W S M L V
A J R G Y M R W R R J M P D T S
K I N G D A K A H D I B K Q U V
L Y K G L W M T L L L V Z S T T
N A N J Y J P W E U W E S G K L
L M X D P O R R N J M O E P Y B
K A D L T Y Q J L L L R J T Z D
R M R L Y M K L Z O R L O Y S R
Q B N B T R N Y C Z D P L F M T
```

**Formula Rossa**　　**Red Force**　　**Altair**

**Kingda Ka**　　**Fujiyama**　　**Top Thrill**

**Steel Dragon**　　**Millennium Force**

**Smiler**　　**Colossus**

*See answer on page 163.*

# U.S. Facts

## U.S. National Parks

```
N R Q Q R B J B W M J Q N D H Z
O N O E T I M E S O Y V B O R S
Y T Y C T Y E L L O W S T O N E
N T T D K J A M X C N S X R P D
A B W L D Y L I R J P P E T S W
C T T G X B M A D R P V Y E D G
E S N X N N T O I A A R Q L R D
C K E D B E N N U C C U D V V N
Y J X D R T G D D N O A T B Y D
R Y M L A S N A G I T Z N R J B
B T A G L L B Z A K Q A R N N W
R K M W R S G S P V J J I T J V
E L Y M L T G R D M N D T N V L
K G D R T Q Y X E J V T M M S V
X V A V Z N Z M B V J X R M X N
D C N V K N L D Z Q E L M L Y P
```

**Yellowstone**          **Everglades**          **Yosemite**

**Sequoia**              **Hot Springs**         **Bryce Canyon**

**Rocky Mountains**      **Crater Lake**

**Carlsbad
Caverns**               **Acadia**

*See answer on page 163.*

# Animals

## Venomous Snakes

```
R E P I V D E N R O H T R E S E D
A B T L P P Y D R Z L X R R L Z L
R B N B D D B B D D M Z T L Z G T
R E M Q L J D M Z D Y Y Q L L Y Y
N E K A Q X B T J G W D P B T D N
A A T A M D W Y K D X W M W B G X
R R P S N K C O P P E R H E A D L
B E M I A S C T N M T T Z K M A M
O D D T A M E A Q Y M I W D R W Z
C D Y D Z T H L L X K M G O D K K
G A R N A R T S T B D N C E T Q M
N F N P L H J Z U T M D Z G R B L
I F L B L T T L Q B A D X B G Q W
K U L Y Q B T A D Y Z R R D B T K
T P N L J R G T E Q T L V R N R X
L Q K Q M X N G Z D B M T L W B K
```

**Black Mamba**

**Copperhead**

**Bushmaster**

**Coral**

**Death Adder**

**Desert Horned Viper**

**King Cobra**

**Puff Adder**

**Rattlesnake**

**Taipan**

**Tiger**

*See answer on page 164.*

# Education

## Oldest U.S. Universities

```
Q W P E N N S Y L V A N I A
M B A Y C X M L R G R N L Q
D P N S K O Y D R R W K J V
E Y C K H Z L U B O Z M W Z
L V D A J I B U T R D V D D
A Y E K S S N E M V O D J T
W A X R T T G G N B L W P Q
A L J T M R L M T T I V N J
R E I D O O N E N O Y A L M
E P Z E S P N W T M N W J Y
D Q G T Z P N T M O L L N K
N W Y G R D W Z R J N T E M
X M M R R G M B Q Y W P J E
```

Yale       Delaware       Castleton

Washington & Lee    Vermont       Brown

Pittsburg       Georgetown

Pennsylvania       Columbia

*See answer on page 164.*

# Location

## Mongolia

```
N O M A D I C L L L G S
U Y T T J L W T W E D R
A T R Z Z T P V N R A Y
E M R M L R T G A T G M
T K K E N Z H P A R O L
A G H Y S I O A R N L R
L N P A S E B Y G L P Q
P Z Z K L N D O R A G T
K X H W A K L I I W B Q
N A O A X I H S B Y P N
N N L N A Q A A W O M Y
S U R N D D D Y M Z G D
```

**Khalkha**          **Asia**          **Ulaanbaatar**

**Mongolian**        **Plateau**       **Snow Leopards**

**Nomadic**          **Gobi Desert**   **Genghis Khan**

*See answer on page 164.*

# U.S. History

## 1980s

```
A R E P O E H T F O M O T N A H P
R O N N O C O Y A D A R D N A S Z
B R E G N E L L A H C M S G R B T
B A R P A N A M A V I N Y L Z K P
P T Y O J L G K T R E D B L N D W
V D P E N T B J A L D Z M L W L R
W Q G N A A T C E Q R T Y B R B G
D N Q L J R L H L R T G Q Z Q V Z
Q X N T V E T D R Z J J R T L Q L
T R K T O S G H R I T L P R B R M
T R K N T P Y M Q E L T P X T L W
J W I N S N M T D U A L Q T X Q D
Q C U D V Q L M N L A G E D X V X
E O I M V N J Y T D J K A R M V Y
M A T L Y Z N Q L Y Z B E N K K Q
```

"Miracle on Ice"        *Challenger*        Panama

Ronald Reagan        AIDS        Mount St. Helens

*Thriller*        Bay Earthquake

Sandra Day        *Phantom of the*
O'Connor        *Opera*

*See answer on page 164.*

# Sports

## Major League Baseball Teams

Boston Red Sox

San Diego Padres

Detroit Tigers

Chicago Cubs

Kansas City Royals

Houston Astros

Minnesota Twins

Atlanta Braves

New York Yankees

Oakland Athletics

```
S N E W Y O R K Y A N K E E S K
A C H I C A G O C U B S H S A N
N R I D V T W N L W W O R N S S
S D Z M T Y T P T G P U E S E P
I Y B B E N V L K S G A V I T X
E R N G D L N L T I S A W J O R
G M G M T N H O T C R T G S M J
O X N R R L N T I B A J D Y G K
P Q W M X A I T A T N E M D M K
A J B M S O Y T O D R Z P Q J Y
D T D T R R N S B O N Q Y M Z L
R Z R T O A E B O B G A M P D B
E O E Y L N K T J V M M L Z Q M
S D A T N R S M Z M B B T K M K
T L A I Y O Q B V G L D T M A J
S M M G B Y Y B R M N D R Q D O
```

*See answer on page 165.*

# World History

## Early Egyptian Civilization

```
H X N I H P S T A E R G J S
I D T M T M T N J N Z M I Y
E S A N W Y E B L P D H V M
R U B E N I Y N Y B P M T M
O R N Y D V T R E M D M X W
G O M G G E A I E S L T T Y
L H P B Y M H M T Q L D X T
Y Z Z A I R J T T R R R J Q
P G Z D P M V W F Y E R L Y
H V S Z T Y V D Y O N F Z M
S N I L E J R B Y N K E N R
D R D D N M L U L J Y O Y N
N Y W N Y T L Z S J Q L O Z
B T V T L T D V R K T V R B
```

**Pyramids**

**Hieroglyphs**

**Papyrus**

**Nefertiti**

**Memphis**

**Horus**

**Book of the Dead**

**Great Sphinx**

**Nile**

**Menes**

*See answer on page 165.*

# Business

## A-List U.S. Corporations

```
A M E R I C A N E X P R E S S
S J J T R T Y Q Q Y Z L J G J
T N D P A A W M K N W Y D R J
E Z O Q N T P T Z W B L D N D
B V N S L B S P B L L G Y T L
A L L R T Q Z L L N R Y Y J Z
H N D W T R Q B L E B D T Z M
P Y A B C B E A G A L R R R D
L P T K T M M B M L S L I D D
A K N M L A X R L A T Y N A L
E W B D Z K B G D A Q R M G M
T J B O L L R I Q W B W B N L
N P N R N J D B P Y Z Y B J W
A J B K D A J G R L K B D B L
```

| | | |
|---|---|---|
| **Apple** | **Adidas** | **Aetna** |
| **Amazon** | **Allstate** | **Airbnb** |
| **American Express** | **ABC** | |
| **Albertsons** | **Alphabet** | |

*See answer on page 165.*

# World History

## Greek Classics

```
B E W S M D L P S N
E L U D A O A E J P
Y L L R T P T I A B
O G T A I A P R L Y
T L L O R P T H E I
H P Y C T H I S O D
L O O M E S S D T T
N S M N P Y I T E D
G J O E D I Q R Y S
M N Z O R B A L A M
```

**Homer**         **Socrates**       **Euripides**

*Iliad*           **Aristotle**      **Olympia**

*Odyssey*         **Parthenon**

**Plato**         **Sappho**

*See answer on page 165.*

# Arts and Media

## Popular Podcasts

```
P K L B R D R R L N R R T N Z P X Q E
R N V A T Z B T G Y B V Z J D L N M Y
W T V L R C M Q W L G V D Z J Z L T Y
T L H O L J B L B M N K L P D L L B L
H B Q I T W O N R U O H S W E N R P P
E N N D S Y P B E R W H L T R J Q Z Q
D M N A D A J L R N I P T W W J J J X
A V M R N X M Q A D I N X F D U M T J
I T N Y B D N E D N O L R J P J M V T
L M R Y V M K E R D E E E F G R D T J
Y V D Z Y T N V T I S T I T D Y X M Y
Z T J L B B N I Q H C R M Y A M L M W
R M D M R V A J A Q S A J O D D N V D
J R Q A V W R I W T Z M N K N R M W Q
M W I D T X R N Y L Q Q X L Z E Y M V
V N W I L Z Z N L N J R Z L I M Y L T
N T A Y J W N T T Z Y Z T M W F Q K J
P W M Y D T Q Q D M Q P M J N T E Y L
```

**The Daily**

**NPR News Hour Now**

**Up First**

**Dateline NBC**

**This American Life**

**RadioLab**

**Fresh Air**

**Hidden Brain**

**Planet Money**

**Wait Wait . . . Don't Tell Me!**

*See answer on page 166.*

# World Facts

## Major Religions

```
M S I T N A T S E T O R P
M V W X S D T Q Q V R J G
T S C A T H O L I C I S M
L I I V N B I T Y L P N R
J K J N L Q A N M X B L T
Z H R M A O D S T J L T Z
J I N J I I I T B O B Q T
U S M S U H C J T T I Y G
D M M N D X V U I K Y S N
A D X D N Y R S F D N X M
I D U J I M L L M N P V Q
S B T Y H A J N D J O N W
M R Y T M R N T X R R C V
```

**Buddhism**      **Protestantism**      **Islam**

**Hindu**      **Catholicism**      **Confucianism**

**Shintoism**      **Sikhism**

**Judaism**      **Taoism**

*See answer on page 166.*

# Science and Technology

## Space Missions

```
O Z R G R E E N O I P
E R T O J E A N M M L
L P E M Y L G E T R R
I A R G L E S N E N R
L K R E A S V N A V Y
A M G T E Y I R I R Q
G A G N E R O K U W R
M Y G N A M I V X S Y
M E Y M R N I D N V L
R V V P G L Y S T T G
```

**Messenger**      **Voyager**      **Surveyor**

**Galileo**        **Mariner**      **Artemis**

**Magellan**       **Ranger**

**Viking**         **Pioneer**

*See answer on page 166.*

# U.S. Facts

## English's Borrowed Words and Phrases

```
A D E U X E X M A C H I N A V
H T Y I B B M Q O T T X L L K
A Y A N O N B M W L Y V K D R
I T M R V U B O V W I L D R T
R X Y L G U Q T D O L O N N L
A B J M D N Y S L E P K W Q T
P M D S M T O L I P G M G W P
D M M M T R O N E A T A L M T
P A B V D P L L A P S T D B Q
N J Q D I M G D P N D E G L B
Y Q W O Y A K C Z M O N N X G
G P H K N M O K T R X S Z E K
L T B G J H V Q U Y T W R G J
N X E L D D V Y H P J N P E M
Q R G A R Y D R C D L Q J B P
```

**Ad Hoc**

**Chutzpa**

**Doppelganger**

**Deux Ex Machina**

**Je Ne Sais Quoi**

**Ombudsman**

**Pariah**

**Persona Non Grata**

**Hoi Polloi**

**Bodega**

*See answer on page 166.*

# Animals

## Venomous Animals

```
R E D I P S E S U L C E R N W O R B
B O O M S L A N G S N A K E J T W W
R R K Z P N W Q Q N T W R T R L B Z
E J D L I B T N N Q N I Q Y Y B R Y
P N D X T Y O B N P L T N R Q T B M
I T G T T M R X L L W B D G R D W Z
V K Q N I B T W J P R K D B R A W G
T X R J N L N M O E Z L N J S A B J
I V R N G D Y R T D L O A P V R Y N
P M Q R C R M X R D I L D J M D Y Y
N K Y B O V J W L P U W Y T B K X T
A B N G B V G M R T J D K F K R M Y
I J J D R J B O N N Z J D C I L X P
S N Z T A N C A R B K M Y T A S Q K
A R T T V S R T W D K Z N R L L H W
L Q Z J J A D D Y L R M Q W L V B L
N Q N N T M L Z L B Y W X D R D P X
```

Asian Pit Viper

Spitting Cobra

Boomslang Snake

Wasp

Black Widow

Scorpion

Tarantula

Box Jellyfish

Stingray

Brown Recluse Spider

*See answer on page 167.*

# Education

## New U.S. Universities

```
E T A T S A I G R O E G E L D D I M
W W S E D A L G R E V E L K W E L D
S R Q A T C M N G Y G T J D T Y B B
B A G R O T A K D W L L M A J Y G D
B V X M R C K L J B W L T M W N W T
Q B K E R F N I B Q S K T K R L Y
N B M Z T K J L B F A Y J M W L P D
R Z M V L H L M U I O B N A G U Q T
N B P B L Q T P N G D R S T R T G T
P H O E N I X R K X A H N D V R T R
P M L D T X O Z O N I D U I R N N W
L L L R L F D D Q N G E I G A X G Q
W D G W I R V T G D Y V Q R M P W M
Q J N L V Y L T Z K R D J X O D D D
B T A V Q Y O L J M D B W Z N L D J
G C Z V D N K R M T Q J Z M R D F R
```

**Everglades**

**Middle Georgia State**

**Purdue**

**California**

**North Texas**

**Phoenix**

**Washington**

**Florida Gulf Coast**

**California State**

*See answer on page 167.*

# Location

## Canada Capitals

```
N D K R Q P N V D D B J X N
J J T O R O N T O K B Q W J
X X G A R P W W R X J O Y J
X A W Y I R J R R G T T P R
E F B R W R N Y E E D Y Q B
D I D W L H O P T L G U B T
M L T T K Z I T J Q E I G Y
O A D M J N O T C B V P N S
N H T M N L Y R E I T J N A
T D D I R Y K C B H V H D Q
O D W A J N Z J Y M O Y Y Z
N M H J M K K N L J D R N N
M C P T M B W Q T R B D S K
J T Z Z N Y Z S R Y J K L E
```

| Edmonton | Halifax | Regina |
| Victoria | Toronto | Whitehorse |
| Winnipeg | Charlottetown | |
| St. John's | Québec | |

*See answer on page 167.*

# U.S. History

## 1940s

```
F R A N K L I N D R O O S E V E L T
T I R T J K G V P M X Y Z Y Y N G R
M R X L P L W T M Q D D M D D L W P
M O G N J J R Z Y Z W N N L M D R M
Q N C I O N M L D P J Y P L O Q L Y
R C A B B S X B D V Y M T K N R Q V
O U S A W I N D P B W H L B R J N V
B R A B R L L I D M I A Y W T P T Y
R T B Y R D D L B R H M X M D K N X
A A L B D L B J O O T Y J V W M Q V
H I A O Y K M S M F R T K T D Q R B
L N N O K W H A L M R E T T Y W Q D
R M C M Y I Y D L N B I I D D M T D
A Z A A M M G J R L B D G K R L Z T
E J D A V D Q N M N D T T H C R W V
P D T D J V K N J Y M X L V T A B J
B M Q Y P Y Q B D N G Y Y L V S J R
```

**Franklin D. Roosevelt**

**Pearl Harbor**

*Casablanca*

*Oklahoma!*

**D-Day**

**GI Bill of Rights**

**Hiroshima**

**Iron Curtain**

**Jackie Robinson**

**Baby Boom**

*See answer on page 167.*

# Sports

## Athletes Who Started Young

```
R E G R E B S I L H T E O R N E B
A O T T T K T P W X P L B P X M J
C S R M L A N I Q Y L V A B G V J
A N A P A T R T G B R T T J N T V
G O C J X R R A T E R N D W M R D
O L Y X E Z T Y L I R Y Y T P T Y
P A A N W F Y I C I N W Y Y R M R
J O U B O N F K N X P Y O L Y J R
E D S T D S M G T A T I K O Q R L
D N T K T A Y T O L H T N R D J J
A A I R H K T T L R D I B S Y S B
T N N O T Z M D E N D N N Y K N L
T R M Z W K D J Y K M O Z G R I D
K E J P K N V R R N I Y N J I M R
S F R X W N M B R Z T M T N Z S Y
```

**Tracy Austin**

**Jeff Gordon**

**Martina Hingis**

**Tara Lipinski**

**Patrick Mahomes**

**Ben Roethlisberger**

**Mike Tyson**

**Tiger Woods**

**Tadej Pogacar**

**Fernando Alonso**

*See answer on page 168.*

# World History

## Mediterranean Empires

Alexandria

Antigonids

Ptolemies

Seleucids

Hellenistic

Stoics

Epicureans

Archimedes

Parthians

Persia

```
A P A R T H I A N S A H
N T N P M K T R R I E A
T O T Q G B W Q R L R E
I L Z R K N D L C P S
G E P N R Z N E H I E D
O M J Y M A N I C L S P
N I M D X I M U E T E W
I E M E S E R U O R B R
D S L T D E C I S V T R
S A I E A I C I X Q V Z
R C S N D S A Z X P P J
Z X S S Y M M Y R V Y Q
```

*See answer on page 168.*

# Business

## Top U.S. Industries

```
W R M A N U F A C T U R I N G
E H C O N S T R U C T I O N Y
D R O R J R E S S E N I S U B
A N D L L R B C T K T B H P R
R O O G E Y M Y N A L O M Y Z
T I W I D S T L T A S Z R T Y
L T K R T D A R Y P N T J M B
I A X T W A O L I G R I N L D
A C V W M P M T E M V R F W Z
T U B W S T A R B T Q D Y T L
E D L N D L W N O J R Z W N Y
R E A Z I X L Q L F Y A N D W
R R G T T J J N Z D N T D N N
T P Y X R P G Y R M L I V E N
```

**Manufacturing**       **Business**       **Retail Trade**

**Construction**        **Education**      **Information**

**Wholesale Trade**     **Hospitality**

**Finances**            **Transportation**

*See answer on page 168.*

# World History

## Early Rome

```
G N I R E E N I G N E L I V I C
S N A C S U R T E T Z J N T N K
A C Q L Q H A T X B U N M B Q Q
U K L B D A Y M L Y N B L M M
G R R E T P U N I C W A R S L R
U Y O O O Y T U N J T M Z L D M
S K N M E P S L B I D Z V R L D
T Y L P U C A G V M B J B Q D Y
U D M T A L K T D B Q A L Y T Y
S O L E Z D U K R G M Y L D D L
P G S R K B V S D A B Y Y L Y N
N A W X T T Y T B J M G T T Y N
R D X R M L D R W Y T Z X R D R
```

**Etruscans**      **Antony**          **Augustus**

**Romulus**        **Cleopatra**       **Civil Engineering**

**Punic Wars**     **Julius Caesar**

**Hannibal**       **Pompey**

*See answer on page 168.*

# Arts and Media

## Popular Magazines

```
G N I P E E K E S U O H D O O G V
S N R W W G L Q Y D M Q C E B N Z
O N M D T M J L J L K A C B P Q N
U X M T V Y N T J B R N G V G J Y
T R K N B B B N X A E O N T B S L
H X L R X N Q Y N S L T Z Y M L B
E Q N N J Y P D S F B Q R I R R T
R R G V Y K D E D M D Z T E R N R
N K S R Q R L I Z M G H L N B P Q
L G D T I K G Y X D S P T Q K V N
I W P V N E P X J O O T D P T T J
V Y E B S E N T N E D L I E L L E
I R R T N Y R I P Y P K Y M R N Y
N L Z V R W A A M L V V J R E Q Q
G M V Y X N B B P L T R T K R P Z
```

People

Good
Housekeeping

Southern Living

Parents

Time

Golf Digest

Smithsonian

Elle

Essence

Car and Driver

*See answer on page 169.*

# World Facts

## Desert Countries

```
N A T S I N A H G F A S M
A N D O R R A W X Q E Y N
R R J B Y Y R L P T Q I N
Z W R L L D A D A D G N Q
K N V N B I N T A E W R M
N M D D B O S A R H V M D
Q G Y I R D T L D M C X R
L X M A E K V S I U N X T
M A T T D D R P W B S N J
N A I L K B X Q V A Y T M
Q N K J Y D Y Y V B N A J
U Z L Z N L L D B Y R A J
```

| Libya | Niger | Botswana |
| --- | --- | --- |
| United States | Andorra | Qatar |
| Sudan | Namibia | |
| Chad | Afghanistan | |

*See answer on page 169.*

# Science and Technology

## Record-Breaking Wood Roller Coasters

```
S N T L R J X B T M N V N Q R N
H J T L D B Q Q X S N Y Z Q L Q
I M N L G J B D K K A T M T R D
V E G A Y O V E H T Y E Y N T Z
E W I L D F I R E R Q Z B T Q T
R S Q L M N R B T Y J O V E P R
I J U Z M X J Y P Y V R R O H Q
N L Q S Y R B Q W M S O U X R T
G Z Y D S J E B Y S B T R N Q L
T X X G W O R T E M L L V M D N
I Z T D O T L R I A M E B W J M
M L W M J L P O W P P Z G P L G
B D N D Z X I R C T U Q W R T J
E R P Q E Q U A B M N J M R R N
R B T T Q N Q J T X Z N D L V J
S D X Z T M M L Q H L Y M Y J M
```

**Goliath**

**Wildfire**

**El Toro**

**The Beast**

**Outlaw Run**

**Colossus**

**T Express**

**The Voyage**

**Shivering Timbers**

**Jupiter**

*See answer on page 169.*

# U.S. Facts

## Republican Presidents

```
M  Y  J  R  Y  R  J  L  Y  Y  M  D  P
R  E  W  O  H  N  E  S  I  E  M  M  L
N  T  R  O  E  M  L  A  D  N  U  Z  T
L  T  L  S  L  G  J  R  G  R  Y  F  X
O  N  D  E  B  D  D  F  T  A  A  Y  B
C  A  M  V  N  T  O  I  H  T  N  T  R
N  R  L  E  Y  R  M  O  L  B  Z  G  M
I  G  T  L  D  Z  O  J  G  O  G  W  N
L  L  N  T  B  V  V  Z  Z  M  O  L  D
Z  B  N  M  E  L  J  G  L  D  M  C  M
Q  T  L  R  B  J  L  J  T  M  Q  B  P
```

| Lincoln | Coolidge | Reagan |
|---|---|---|
| Grant | Hoover | Trump |
| Roosevelt | Eisenhower | |
| Taft | Ford | |

*See answer on page 169.*

# Animals

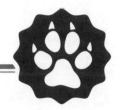

## Fast-Paced Animals

```
E P O L E T N A N R O H G N O R P
G Z P J V M D Y E R V X Y P P N Q
Y R Y Q A M B D T L I O N M R V D
Y Z A N U K R R O B T G M X M T X
D R E Y M A T D Y M N A N M D B Z
M Y T D F T R Z O Y P Z K R Q L G
H G R D M O S T C M B E B L Y B G
K P R G M T X E E R D L D J E G K
K Y B B D J H J E R P L Y R L L Q
A N M R R A M B D B H E L J B Y D
R J J N T V T M X M E O R G B W T
B Q J E G W Z W N M Z D R Y D J M
E L E J B Y P R N B R K L S M V M
Z H M T M K B Y Z B P M V I E Q G
C B B P K D L Q D Y Y T B Q W R N
```

**Cheetah**

**Pronghorn Antelope**

**Wildebeest**

**Lion**

**Gazelle**

**Quarterhorse**

**Elk**

**Coyote**

**Gray Fox**

**Hyena**

**Zebra**

*See answer on page 170.*

# Education

## Private Universities

```
A I N R O F I L A C N R E H T U O S
N K E T T E R I N G D C R G Y V T Z
B O V M R J Y L N L O N W L B R D Y
E J R N T K B T L L J B J A Y D J T
X N X T L R L P U N B L I Q V M G Y
M N I N H B J M L Z E N N B W G G
G B L D D W B J L W A W B Z T D T T
R P O N R I E M C V Y D M Y N D L Q
J Y N G A E Y S L O B T X A N T L D
V P R R A P P Y T M L R Q L N N T G
J D L R L C S P Y E Z G D U K E B J
M N D T Q N I W E L R X A T W R K L
N D B T N N L H Z P W N J T G N M Y
W Q B E T Y L D C R L B Y B E W M P
N J P L L T Y P Y V V Y T K V Y J B N
```

| | | |
|---|---|---|
| **Southern California** | **Pepperdine** | **Duke** |
| | **Northwestern** | **Columbia** |
| **Pennsylvania** | **Newman** | **Colgate** |
| **Chicago** | **Kettering** | |

*See answer on page 170.*

# Location

## Paris Landmarks

```
E S A I N T E C H A P E L L E L L E T
R C R E I N R A G A R E P O U N
E L A L R R D Y Y J M B T I T E
W Y X L K E M V Y B R Y L B H G
O X D L A M V V V D E B P N N
T R W L L P B I M R R P M X O R
L K U P O N S M R I L O J T Y P
E Y L E N U B E E I N R D X B
F Q Y N O W V S L R N E J B K T
F R B Z J C G R T L D I Q M Z D
I B Y L M A E E E A I Z E Z N Z
E Q B T R T D R M D L A B S P G
M Q D D D C D E C X Y K S T D L
M J E Z R B R G Y A D P X R X R
T N X A Y Y D V N J S Y D Q E V
S N N V Y P Z D J K G K B K J V
```

**Seine River**          **Louvre**                **Versailles Palace**

**Arc de Triomphe**   **Tuileries Gardens**   **Sacre Coeur**

**Eiffel Tower**         **Notre Dame**

**Opera Garnier**       **Sainte-Chapelle**

*See answer on page 170.*

# U.S. History

## Statue of Liberty

```
W D Y R E V A L S F O N O I T I L O B A E
N R L N F R E D E R I C B A R T H O L D I
L E N R L D L B Y Y D D R R Z B Q B O Z Z
J Z W D O G P Q D K N R R T X R T U W V Y
N R J Y R W N L Z Y T B T K T Y A Y U Q B
V N J M O D E L D M X Z K E M R Z S X N G
B Z W Z R R N H B N M L C N D M C W K N Y
X T G D T Y K T T Z A N B D Z E Q M J G D
N Z X L D R P H L G A L E D N M O X P G V
K M T M J M L Y A R N L S T N D P Q V K T
K R T J L Y T M F R A I E I E J J J R L K
B X J N L X G Y M B B N N E S K M J V M V
R Q L T R G P T O P N O R E X I J N N P Y
P V V B D G Y U L I G F R M T V L T Y Y X
T J N Y B G L T A D W Q R J D H D L C J M
Y G X D R A X L Q M K R X N G M G O E D P
J B T R Y K M M G L N P J R B G P I R J Y
W B N E Y N W P X D L T W M L P Y J L R G
D M L N L W B M B W N K M L E M M T T N L
X Y P Z W M D R X T X B K R P B G T P L E
```

**Frédéric Bartholdi**

**Freedom**

**New York Harbor**

**Ellis Island**

**Copper**

**Enlightening the World**

**Abolition of Slavery**

**U.S. Centennial**

**Édouard de Laboulaye**

**France**

*See answer on page 170.*

# Sports

## Recent Scandals

```
M A R I O N   J O N E S L G N N M P N S M
M G B V L Q N P Y T D P Y V D Z G T M K
L U V Y Q Z D M G A Y B J L N R I P A M
A E I M M V B K D G B B W J Q E P S X T
N T D N Z E D B Z Y G B N T F K T Z N Y
C A N G O T D L Y P D M M R J R K B R P
E G D D R D D I M S N M O Q O M L X W V
A E Q G W B L L N J T F S S J W B M N W
R T V Y Z L J E L A E I S D Y Y J L L X
M A V N N M L D M L S I M K I M Z N Y K
S L W Y G Y M Q L S G P M D J O L V W M
T F T R Y L V I G N A J I Y O R R R M M
R E X Y G Y V M S T L V K R T N R E N N
O D K L Y S V T T V P T O J I K A L T L
N Q W Y I G E Q K B L K N P Z T K G Y S
G J K U Y A Y Z B Y Z W T R A Y L Y H M
L Q O N L J Y Y W Q Z D G Y D R P L X Y
J L K I Z G K Y L D P D K P P X A N X G
G Y N L J N L X Q T W W L Z M T V H B V
J G K K X T B M N Y D Q Y Z M V Z L S R
```

**Deflategate**

**Astros Sign-Stealing**

**Louisville Forfeits**

**Lance Armstrong**

**Medina Spirit**

**Tim Donaghy**

**Spygate**

**Sharapova's Meldonium**

**Marion Jones**

**Steroids**

*See answer on page 171.*

# World History

## Early Christianity

```
E L U R E N I T C I D E N E B
E N I T N A T S N O C P L T L
E D I C T O F M I L A N S M K
L T R D H L Y Y X U E I R T L
Z N J R L M R K L R R X M Q Y
T L I R T J A O I H Z P V M P
N H Q S D D F P C K T V D G W
C N N Z L T M S O T Q K Z G Q
G Z B Q A E U M E S S I A H J
Q N V R N S P N Q L T Z N D B
D Y S A E K B S M X D L R D J
M U M J R T N G O B M Z E R W
S O P B G M R N R G L Q J S V
R V D K Y N Y X Y Z G T X P L
```

**Jesus Christ**      **Constantine**      **Chi-Rho**

**Paul of Tarsus**   **Edict of Milan**   **Roman Empire**

**Gospels**           **Apostles**

**Benedictine Rule**  **Messiah**

*See answer on page 171.*

# Business

## Leading Businesses— Commercial Banks

| | |
|---|---|
| JPMorgan Chase | Morgan Stanley |
| Bank of America | Capital One Financial |
| Citigroup | U.S. Bancorp |
| Wells Fargo | Truist Financial |
| Goldman Sachs | PNC Financial Services |

```
S B A N K O F A M E R I C A D R Q T J L
Y E Y Y W D Z Q Q D J Z J D G T R L A X
W P C R E L T D L X T P L T B U R I V T
E U N I V L R N B D M T R P I Q C M L J
L O G J V T N M Q O Y B G S Z N B J J Y
L R G O L R T A R U B W T Q A L J Z Y M
S G B D L N E G T M S F R N Q V R L Z X
F I Y T G D A S Z S I B I D R N V X P Y
A T Y L R N M B L N N F A L B Y Y D Y N
R I R R C Y R A A A E N L L P N D R G T
G C L H V Z Y N N N I L G L C Q L P G J
O J A Y K Q C P O S Q C J R T O B X D J
N S M G D I R L B K A G N W O Q R K M X
E B T G A K A N Y R J C Y A J M T P L M
Y R M L J T G R N Z M H D N N N R T M
Y V Y D I K K V R M R Q B S P I N Y J R
Z R J P R Z D Y M Y Y R G M L Y F T X L
P R A Z T X G N J T T T M N L D J C L V
L C Y M R K X Q G V D V L K B J K R N Y
L J T N W B Y B K P Z T D T R Y T J Y P
```

*See answer on page 171.*

# World History

## Early Islam

```
N G R Z V Y T L R R L L M
B L B S H I I T E H X I T
M K Y D Z Y B D E T L Q Y
M W D Y L L R G K S G L D
N U L U Z M I Y U M X D R
A V H D M R T M Z D G X G
R N Z A A A I A Y L V Q G
U P D C M N Y Y I H W Y Q
Q V C J N M Y Y P B E Z R
K E M U M R A I A M A V V
M Y S B X L L D E D R R X
J D M N Q A B N D V V Z A
M R N L C L P K L Q R T B
```

| | | |
|---|---|---|
| **Yemen** | **Hegira** | **Arabia** |
| **Muhammad** | **Sunni Muslim** | **Umayyad** |
| **Mecca** | **Caliph** | |
| **Quran** | **Shiite** | |

*See answer on page 171.*

# Arts and Media

## Emmy Awards

```
E V I L T H G I N Y A D R U T A S
C T H E C R O W N P M T R T S Q D
A T H T M N R J R J M N N S R N T
R V J E W Y T D E T X K E D A R B
G B M Q Q B X A X O L T M M G K M
A K T T J U N P S D N Y E Z A W Y
R V E Q M S E S B O L L R T L Q K
D N Y B M W A E C D O W E T Q G R
S B T A E L K T N C V W J Z T K N
L Z R N D R O T A S I V Y M W J N
U T J E B O T I Z N G Y T X D R Z
A N T L F D V X S W M A G N J R N
P M B E Y I L L E J T G M J P L Y
U D R Q L M E L Q L P B J B L M J
R A Q O P T L Y G V A L N N I P T
B N Y D Y L X D W R J N Z J Q T R
```

**The Crown**

**Ted Lasso**

**Jean Smart**

**Olivia Coleman**

**The Queen's Gambit**

**Saturday Night Live**

**Kate Winslet**

**Barefoot Contessa**

**Alex Trebek**

**RuPaul's Drag Race**

*See answer on page 172.*

# World Facts

## Deserts of the World

```
A I R O T C I V T A E R G Y
I D A Y W G N X P Q T L P R
N E D R N L G R Z Q R D D X
O A M R A N X S N A I R Y S
G T R E Y B A X R A I Z X Q
A H D G V H I P I R I M Y P
T V T Q A A J A A B D B Y P
A A K R R R J H N T O N U V
P L A J Q V A O X P J G W N
M L D V K L V B M K Z Y B Z
K E K D A J T P B R N M Y X
B Y M K R D Y D K P P J J R
```

**Mojave**

**Arabian**

**Gobi**

**Death Valley**

**Sahara**

**Syrian**

**Patagonia**

**Nubian**

**Great Victoria**

**Kalahari**

*See answer on page 172.*

# Science and Technology

## Volcanoes

```
S M E R I F F O G N I R L
E N A N E W Z E A L A N D
T A A N H J R M P A M K R
A M M E T O R R I R M R Y
L E S J C L T S T N T N Q
P R B E R O E S T T B M J
C I O J N N C C P Y Y N M
I C P O O O J I R O Y J P
N A V D L R Z L F U T P P
O S N M N F X T P I S S T
T I Q Y N J A M F N C T L
C N Y M Z M W E D I K A N
E L T D V R W J S L R B P
T R K R J L M M J Z Q G T
```

**Ring of Fire**　　**Mantle Crust**　　**Indonesia**

**Tectonic Plates**　**Seafloor**　　　**New Zealand**

**Pacific Ocean**　　**Rift Zones**

**Hot Spots**　　　　**Americas**

*See answer on page 172.*

# U.S. Facts

## Democratic Presidents

```
P D R W J X N O T N I L C
R O O S E V E L T B V N X
K M J T D B Z D K R N R D
N E K W W V Y V M D J J N
A G N N D T L T T B Y L T
M C X N R N J A U L T R R
U J A M E B A C M T R G Q
R A L R D D H L L A Y N W
T C J X T A Y N E L B Y R
N K B M N E E T M V D O T
B S G A X D R J K L E J B
Q O N V I N V N N D L L Y
D N J B W W T X N W M P C
```

| | | |
|---|---|---|
| **Jackson** | **Truman** | **Obama** |
| **Cleveland** | **Kennedy** | **Biden** |
| **Buchanan** | **Carter** | |
| **Roosevelt** | **Clinton** | |

*See answer on page 172.*

# Animals

## Animal Assortment

```
H S Q U I R R E L R R Y T C
G T G E L E P H A N T N H P
I A O A N Y J P J W Y I Z D
A B K L R Q Z V Z L C D T N
N M G J S D V W J M K V T W Q
T A T Q D D E Q E Q R I P D
T M Z N D X E N N J L I K T
O K K D B R S O S D G M M Y
R C M D T P G M T N R G W Z
T A R M I Y J U D E A G K J
O L L D M M R R M L E I V W
I B E M J K Y Y L T R R L K
S R M Z E Q R Y J X R L H L
E M Q Y P T L J Q Z L D J T
```

**Garden Snail**      **Chicken**      **Black Mamba**

**Three-Toed Sloth**  **Pig**          **Elephant**

**Giant Tortoise**    **Squirrel**

**Spider**            **Wild Turkey**

*See answer on page 173.*

# Education

## Budget-Friendly Universities

```
E E J Y J T W L P R Y X R Y W D Q B Q
H T L G L J L R Q K Z D V T M B J W D
A R A I M H T P L K Q J N N E K D P X
W N T T Z Q C Y R D W J G T K N J T D
A G N X S A M E T A T S A N A T N O M
I W N Y M A B J T D L T T Y M D Y D D
I P N U D J I E Y O S V Z W G D N V Q
M B U Y O B V G T G J M T Z Y N Z T Z
A G R E D Y L G R H K A M Z K P Y N X
U D R V R W M U V O C T V M W Q R R X
I X Q K W T B A J M E I N A G O L L Q
Y N D M J S O Q H Q N G T Y N B N R W
J M Y L T K N R X G Q E E Y M M Y Y D
G W J T Z Q T J I Q I J P L S X N T P
J B I Z P M Z Q P C N R M S D T K T R
Y P Z T M P T B Y X O T B B A D A K X
K K M R V Q Y L L B Z M R N G D I T K
Z X J B T B W M V T M X D M J P N M E
```

**Aspen**

**Logan**

**Montana State**

**Pittsburg State**

**Hawaii Maui**

**Navajo Tech**

**Middle Georgia State**

**Elizabeth City State**

**Brigham Young**

**Puerto Rico**

*See answer on page 173.*

# Location

## Rome Landmarks

```
D M Y L L R O M A N F O R U M Q Q
D Z L Z L E T K R D X D Z D G S R
M Q L Q B I P X Z L R L Y G T V Q
S K E W N B H A C R M L D P N J T
T U R S T I N E H O Y Z E L Y Y R
J M M G E A A N C L T T N Y Z L
D W L I C H R T M I E O D K R J P
Q R X I X R G N N R T N S L V N W
R D T N Z A O R S U B A I S M J J
W A M M Y E M B O Y O D L T E N G
V R D R H G A S J B Y F L A S U T
J T Q T J S V M U N A X I Q P I M
W T N Z I D R M Y C M L M V Z B S
B A L L M Z M N X Q R L L N E Y B
P P I G Y M V X B T Q I K I Y R T
W C M M Z X L L T N Y B C M V K T
A M V D P M L R Y J D Q D D T D W
```

**St. Peter's Basilica**

**Vatican**

**Sistine Chapel**

**Colosseum**

**Palatine Hill**

**Roman Forum**

**Pantheon**

**Trevi Fountain**

**Villa Borghese**

**Circus Maximus**

*See answer on page 173.*

# U.S. History

## Declaration of Independence

```
S E N D O W E D X P J
S E L F E V I D E N T
E C Y T R E B I L P M
N R V T W E S G U N V
I E G Q R T F R R Q G
P A M E H U S I R P M
P T T G Q U T R L P D
A O I R I U K H L T G
H R Z T P W A B S R N
L N N J R Y L L W J T
```

| Truths | Creator | Pursuit |
|--------|---------|---------|
| Self-Evident | Rights | Happiness |
| Equal | Life | |
| Endowed | Liberty | |

*See answer on page 173.*

# Sports

## Olympic Games History

```
G L O R Y R Q M Z C
Y P K G T Y M B O D
S Q G D R X L M V S
H U G S V E M M U B
O J I M U U E I R M
N L K T N I T C H T
O Z T I I L T C E V
R B T Z A C R R K N
M E L J D O N R O L
R Y N W T N M T B F
```

**Greece**      **Fortius**      **Honor**

**Citius**      **Communiter**      **Torch**

**Altius**      **Glory**

*See answer on page 174.*

# World History

## Byzantine Empire

```
E L P O N I T N A T S N O C
A Y T J U S T I N I A N X P
L I B S R A V E N N A D T R
R B H B A G L D B I R S G T
X O Y P D L S D T M A V K Z
T G M L O C C E W N D D N L
D T L A I S L O V Y X Z T D
I M D A N C A I N D Z W N B
M T S Z O L T I B O W D L X
D O A I M A A D G B C Z J K
M R D L L K X W R A Z I R L
L W Y E Y K Y N M R H R M Y
```

| | | |
|---|---|---|
| **Diocletian** | **San Vitale** | **Ravenna** |
| **Constantinople** | **Justinian** | **Italy** |
| **Hagia Sophia** | **Roman Law** | |
| **Mosaics** | **Iconoclast** | |

*See answer on page 174.*

# Business

## Leading Businesses— Life/Health Insurance

```
L W P A C I F I C L I F E T R L T E W L
E A R R Q P M D T P P G V M L D Q L A L
F W I M I T U D J T G X V D W U Q I T J
I G Q C P N X O N K D N B Y I R C W Z B
L N E R N X C Z R Z N W Y T Q N W V V M
T A M N Q A D I L G N D A N A Y N V V Q
E M N J W P N V P W M B D N V X R T J T
M Z J O V O W I D A L U I J N N R V L B
P T Y K I W R N F E L F N G J A L G J Z
D X B N K T B T H E L F M U F T Y J Y N
Y J W T M Z A O H A S K I L Q X W R M D
V Q J Z G J L N I F Z U A N J W J K K D
N V D Y T D M T N R I C O R A J P Y B P
V P B T I M N Y Z L T N P H B N Y Y X L
K J J N M E J N T D O D A R T R C T R P
K R G G D L R M D V M C B N M H N I T M
M S Z U Y W K T D Z N D N L C L G Y A M
G Q R J Y L R L T L L Q Y I M I D I N L
N P R T J W Y J B T T G Z G L Z A P R X
L Z X N W N Z N N L Y W V J W D B L M B
```

**MetLife**

**Prudential Financial**

**Aflac**

**Lincoln National**

**Principal Financial**

**Unum Group**

**Equitable Holdings**

**Pacific Life**

**Genworth Financial**

**Brighthouse Financial**

*See answer on page 174.*

# World History

## The Crusades

```
E M E L A S U R E J P W K B
B L J A H O L Y L A N D A Z
N R P D S T N A V E L T L X
A C Z O B I Y P L Q T J B L
B L H B N Q A P N L R Y X N
R V M R Z I T M E W Z B N L
U D D N I X T O I A K I T M
E L V L J S F N N D L P B
P B P V R H T T A A O D K L
O L M G A Y I E L T T R B W
P N M T B U Q A N S V N Y
R T T K M B S M Y D M N D V
D I N Z R Q G X B X O M O Q
N T V T M L Q B J J V M L C
```

**Pope Urban**      **Levant**              **Byzantium**

**Asia Minor**      **Battle of Hattin**    **Christendom**

**Holy Land**       **Saladin**

**Jerusalem**       **Constantinople**

*See answer on page 174.*

# World Facts

## Largest Countries by Land Area

```
S E T A T S D E T I N U
A X A I R E G L A K X D
Z I B R A Z I L A V N L
P J L I G C P Z K D Q D
V X D A Y E A N L W T N
R N P V R K N N T X W B
I U T Z H T A T A M T L
Y N S S L N S J I D T R
B Q T S I J G U Z N A M
L A G H I Z T D A Z A T
N Z C L M A Y D J K B J
```

**Russia**          **Brazil**          **Kazakhstan**

**China**           **Australia**       **Algeria**

**United States**   **India**

**Canada**          **Argentina**

*See answer on page 175.*

# Arts and Media

## Money-Making American Movies

Harry Potter

Avengers

Lord of the Rings

Black Panther

Avatar

Dark Knight

Toy Story

Frozen

Star Wars

Mission: Impossible

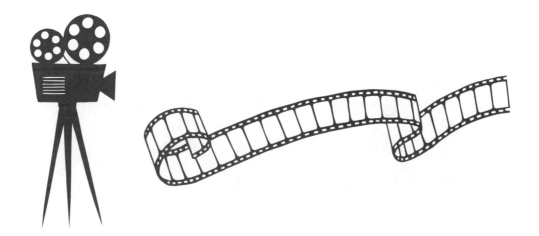

```
E L B I S S O P M I N O I S S I M
D W X L G Q X R K R L Y M B B Z L
H Y S J B M Q M R D Z T Q N W N Y
D A P G P L Q Z M V T M Q X W V Y
B Z R J N Y A K B H B R J D T M M
W D L R R I Z C G F P D P J M R Z
M J T L Y M R I K R R X N Y J V T
Z Z J O Z P N E D P A O W L R K N
K Z R Z Y K O S H L A T Z L N Y B
B V B T K S T T A P N A E L K L
L L K R V A T L T V F L T V N I J
R T A L R B Y O V E E O T H A D N
P D Y W K Q T Y R R R N D E R D
R Y A Q Q Q W N B Y D G G R Y R Y
L R T T N V Y T K W D D W E O Y T
S Q Y Q M P M X R T M J Z N R L P
Y T J R J G P L R M J W K Z R S V
```

*See answer on page 175.*

# Science and Technology

## Notable Volcanoes

```
Z I U R L E D O D A V E N I
Y D P P X N V W Q Z Q O K X
D T M A L M Y G D Y T A J R
Y K J Z P L T B Y G L W G N
W R Q V N A Y A N G R Z P N
M A B E T Q N I M T B V N K
D K B S Q L M D L B W M B M
P A R U L A Z L A T O K R Y
Y T N V L E J U J Y E R B L
G A B I R Q E N N L A V A V
B U J U X T D L U Z Y N R M
J B W S W M P T E R E N Z T
B D J J K J T D X P M N K Y
```

| | | |
|---|---|---|
| **Tambora** | **Vesuvius** | **Lamington** |
| **Krakatau** | **Kelut** | **Papandayan** |
| **Pelée** | **Unzen** | |
| **Nevado del Ruiz** | **Laki** | |

*See answer on page 175.*

# U.S. Facts

## First Names of First Ladies

```
J  E  L  L  E  H  C  I  M  Y
R  A  N  N  Y  L  A  S  O  R
O  M  C  B  A  R  B  A  R  A
N  V  E  Q  X  P  L  M  K  H
A  N  A  L  U  I  Y  N  I  R
E  Z  Y  R  A  E  M  L  N  V
L  P  M  G  U  N  L  A  Y  B
E  W  I  X  P  A  I  I  R  G
Q  B  Q  D  R  M  L  A  N  Y
A  M  Z  Y  P  Z  M  W  R  E
```

| | | |
|---|---|---|
| **Rosalynn** | **Michelle** | **Jacqueline** |
| **Mary** | **Melania** | **Abigail** |
| **Laura** | **Eleanor** | |
| **Hillary** | **Barbara** | |

*See answer on page 175.*

# Animals

## Popular Cat Breeds

```
R I A H T R O H S H S I T I R B B
I G B N M S I A M E S E M A Y G V
A Q Y R Z A T N M R Y V G K T Y Q
H L S Q N A I S R E P A M B V P J
T T S R G J B N Y J M J T X R T G
R J I R Y G B T E U Y D B W W N T
O R N L D M V N F C D X G M G V M
H L I K P K V F D K O B G L T M P
S L A N N B I D D D K O B D Y L X
N B N Y N N L B J N W Y N N D N L
A M M Y M Y P A Z N Q L J W Y K N
C R A G D O L L G M Q R T H J Z B
I Y R P Q R Z T B N L D P B Z D Q
R B N T D Z B X N B E S D V T R V
E W G L N W Z N Q D Y B X L T D V
M B Q R G R Q W R D T J W T X T Z
A L L M Q Z M N T Y N T X K D N Y
```

**Ragdoll**

**Bengal**

**Maine Coon**

**Persian**

**British Shorthair**

**Siamese**

**Abyssinian**

**American Shorthair**

**RagaMuffin**

**Sphynx**

*See answer on page 176.*

# Education

## Esteemed Universities

```
N P E T A T S N A G R O M
O G E O R G E T O W N A M
T E Y N T H Q L L X I Q N
E M A J N P A K N B T L L
C A L V T S K R M W N Z A
N D E M N J Y U V V O I M
I E B Q R P L L Y A N R D
R R P Q Q O V R V I R N B
P T G V C G V N G A T D N
T O X N D K N R R Z N R K
W N R L N D I T N K Y I D
D N T N V V R M Y Z W T A
```

**Brown**        **Morgan State**    **Virginia**

**Columbia**     **Princeton**       **Yale**

**Georgetown**   **Notre Dame**

**Harvard**      **Pennsylvania**

*See answer on page 176.*

# Location

## Washington, D.C. Landmarks

```
S L A R L I N G T O N Y J M Y J L L P
S W A G R T D Y J W M V L L N N D W N
E W A I G B Q G T D G K K W A L V Q Q
R H G S R M J N B T J M N I R Z Y M W
G I G Y H O Z T N R J P N N M R T Z L
N T L P B I M M M D L O X M R L J A Q
O E K B J Z N E B S C J M Q R I B D
C H T R B K M G M H O W A M Z R Z J K
F O G Z Y O R J T N D G L P O V G M D
O U P W R N B I N O O D A M I P L L R
Y S D I M B M B T D N S E T T T J N K
R E A P J S J G M R M M R P N M O R V
A L L K N M M N D N N Y O E V E L L M
R Y M N D R W N Y L R X J N F W P T X
B Q J T D G D R O R R R B X U F W B J
I R Y X D W L C B J Q N V M B M E D N
L R K T T D N J M T M J P R D Y E J D
W V K M N I M D M L R P R Q J W D N Z
N Y Y N L J J Y W K W X R M M D R D T
```

| | | |
|---|---|---|
| **Arlington** | **Library of Congress** | **Washington Monument** |
| **Capitol** | **Pentagon** | **White House** |
| **Jefferson Memorial** | **Smithsonian** | |
| **MLK Jr. Memorial** | **Lincoln Memorial** | |

*See answer on page 176.*

# U.S. History

## Preamble to the U.S. Constitution

```
C J U S T I C E B M J T
P O T T D Z N R Y Z R Y
R P N K Y X O L N A W Y
B E M S J L I D N J E Z
J R B X T K N Q M R M E
N F Z Y M I U J A V C J
L E T L T I T F J N G P
N C J Q L R L U E T E Q
D T Z I Z E E F T O L F
N P T J W B E B P I O T
M Y R B Q D L L I R O N
D N R P T N E M M L L N
```

| People | Justice | Liberty |
| Form | Tranquility | Constitution |
| Perfect | Defence | |
| Union | Welfare | |

*See answer on page 176.*

# Sports

## Olympic Winter Sports

```
G N I I K S Y R T N U O C S S O R C
E G S P E E D S K A T I N G Y X Y Q
G G N Y G N I L R U C G T E L V W Z
N N U I T N Q M L B N D K J Y L R D
L Q I L T Y I Y J I Z C T T Q Y Y J
M N G D Y A M P I V O T L J D R N L
Z D J M R W K K M H J G D Y D W Y W
Q N D T J A S S E U B Y N Q D V L M
B Q Q W B E O C E O J W D Q Y P W V
J L T L N B I B B R T I J Q M L Z B
Y R L I L Y S W J U T K N M L L N Y
G P P M B T L R K O M G X S V R Y R
X L G T B E Y J D J N B I Q X V N J
A N R M D Q D G R Z X S D F N M Z L
```

**Alpine Skiing**

**Bobsled**

**Cross-Country Skiing**

**Curling**

**Figure Skating**

**Ice Hockey**

**Luge**

**Snowboarding**

**Speed Skating**

**Ski Jumping**

*See answer on page 177.*

# World History

## England in 1350–1600

```
S  E  S  O  R  E  H  T  F  O  S  R  A  W
A  D  A  M  R  A  H  S  I  N  A  P  S  D
S  H  A  K  E  S  P  E  A  R  E  M  Y  W
J  T  L  K  J  E  D  B  T  R  A  Z  B  L
K  E  U  W  I  J  F  G  K  G  B  C  M  V
Y  B  N  D  K  N  D  F  N  T  H  R  L  T
Y  A  J  Y  O  M  G  A  I  A  T  D  V  M
M  Z  W  P  J  R  C  J  U  L  L  R  W  T
B  I  Y  W  N  A  T  C  O  Y  C  Q  X  D
V  L  Y  X  R  J  E  T  R  H  P  Y  Q  D
P  E  N  T  W  R  V  N  K  K  N  P  W  Z
Y  Y  A  L  M  R  E  L  P  M  Q  N  M  B
L  Q  M  K  Z  H  N  Z  R  Y  R  L  R  M
```

| | | |
|---|---|---|
| **Magna Carta** | **Henry** | **Elizabeth** |
| **King John** | **Spanish Armada** | **Shakespeare** |
| **Wars of the Roses** | **Chaucer** | |
| **Tudor** | **Wycliffe** | |

*See answer on page 177.*

# Business

## Leading Businesses—Food Products

```
S P U O S L L E B P M A C
P L R J M Y P R M B H Y V
L N L N M E E C L O N Z G
D A M I P S C H R L N K D
B N N S M O M M S I R X G
M J I D R L E U E R K W T
J C Q M O L A H C E E X J
O N I T F L T R L K Z H Q
M C M O Z F A L E B E D Z
K K O V A X O K X N T R Y
M D P R Y G Y D E J E T B
S Q K Y G T Z T N S T G Z
```

**PepsiCo**          **Kellogg**          **J.M. Smucker**

**Kraft Heinz**      **Hormel Foods**     **McCormick**

**General Mills**    **Campbell Soup**

**Land O'Lakes**     **Hershey**

*See answer on page 177.*

# World History

## Mughals and Safavids 1350–1600

```
E T A N A T L U S I H L E D
M M Q M R P R L S L Z Z R B
K L I A Y L L I J P R Q R N
P R B L S V K D Z T P V Y J
K K J X S H S N A M O T T O
A U V T I U A K G K Y K N W
L R K S A D M H R T Y A N W
K D M B J J B Y J Z H T Y V
R U B T N D M X X A M J W W
U D N I H G J A F G H J B Z
D J X N L J Q S H D Q A W B
Z R P D T Y I Q D A P Q N R
Z M P J V Y Y Y X V N L W L V
```

**Delhi Sultanate**    **Hindu**      **Ottomans**

**Akbar**      **Muslim**      **Isfahan**

**Urdu**      **Taj Mahal**

**Shah Jahan**      **Sikhism**

*See answer on page 177.*

# Arts and Media

## Top-Dollar Classic American Movies

```
D J S C I N A T I T J G M L W T
N U R Q Y N M V L M M W V M H T
I R A V X R M N B R R M T E E P
W A W T D R X M V L B Z S N M Q
E S R M R M D P X Z J O C U T X
H S A J Y E Q M M L U O G J Y T
T I T J A M H T Q N M T L R D J
H C S X G W N T D M S Z B L L L
T P N T K K S O A E D L J I W D
I A R B K G F N R F V N O Q Q N
W R G D Z M D R L M D N Y T X X
E K M B U M O K D X K O V P L B
N W J S E F Z T T I L G G W Y Y
O R I N J T N Y N N J R D N K N
G C T T P J L G L R T M Q B M R
N S D N N B D W N W J L Q T L T
```

**Gone with the Wind**

**Star Wars**

**The Sound of Music**

**Titanic**

**Forrest Gump**

**Ten Commandments**

**Jaws**

**Jurassic Park**

**Godfather**

**Lion King**

*See answer on page 178.*

# U.S. Facts

## State Capitals

```
T O N A S H V I L L E
A T J K J U N E A U E
L N C Q C L X T T G Z
L E N O N R L Q U P P
A M V Y N A A O L H R
H A L E N C R M O J W
A R P T S N O E S Y W
S C A Z O I N R M I N
S A B T Q I O J D D B
E S A D X M V B L Y V
E B K Q R D T J Z L T
```

**Juneau**        **Atlanta**        **Concord**

**Phoenix**       **Boise**          **Nashville**

**Sacramento**    **Baton Rouge**

**Tallahassee**   **Bismarck**

*See answer on page 178.*

# World Facts

## Smallest Countries by Land Area

Vatican City

Monaco

Nauru

Tuvalu

San Marino

Liechtenstein

Marshall Islands

Saint Kitts and Nevis

Maldives

Malta

```
S I V E N D N A S T T I K T N I A S
S M N A B M T Z R D J R B R J Z J Q
Z D B T J Y X K Y Q K Q K Z B W B K
G K N L G W R V D B M K V W D V X Z
U M P A X W J O P N J B L N A M J R
L N Q M L W X X N Y N I M T V R R N
A M M L J S L Y Y I E K I W J B D Y
V B G K V V I X N C R C R W M S M K
U G J M P K N L H D A A V W E D V G
T Z L N G Z M T L N X D M V Y N Y Q
N W M M N G E D C A R M I N A G Z J
T N M R L N P I K M H D O U A Q Q M
Z R J W S Z T J B D L S R N B S X Z
V J Y T Z Y L Y N A L U R N A M V R
L Z E D X X B G M B Q N Y A T C Y T
T I T Q T Y R B M R J Y B D M N O P
N Q M P M M M W L M Z D N R W Q R W
```

*See answer on page 178.*

# World Facts

## Largest Countries by Population

I S N H L I Z A R B W L N
N B E Q S L Y X N X L I Q
D D M T X E M Z P I G V L
O P D R A R D Y P E H D P
N A A J L T L A R T J C R
E I Z K W G S I L P J U T
S D P Z I O A D D G S M T
I N L G C S B M E S N L M
A I B I M D T Z I T J A K
R Q X Q B D M A M Q I T B
M E V T J Q Q R N J Z N N
M R D M M Z B T N L J T U

| China | Pakistan | Russia |
| India | Nigeria | Mexico |
| United States | Brazil | |
| Indonesia | Bangladesh | |

*See answer on page 178.*

# Animals

## Toy Dog Breeds

```
M T M N D G J W D Y N N G Z Y Y W
B I B V X N V N Y B T T R M W Z Y
Z D N G G B M D E L B L M B L O J
B Z T I L P V T H S P N T D R G C
Q T Y W A T D A L A E G Z K N H Y
V T Z M Q T V B P B N G S B I N G
S Z N T B A U I M A E H N H B R B
P H L J N V L R I N I L U I M Y R
T M I E J L D N E R T A D A K G P
J K S H O R A B E P H N L O G E J
V E D N T R P T P U I T D Y O N P
J Y Z Q E Z E Z A D E N Z J D P L
Y N D M B R U Z Q S N Y S R T Y B
P V O G R L N N E Z V W X C V M L
Q P R I D B X Y V J W J J Z H J T
K B E V Q D K D L G B D Q Z N E R
W R Z R R G Q X W B X G N Z Q R R
```

**Chihuahua**

**Yorkshire Terrier**

**Shih Tzu**

**Maltese**

**Havanese**

**Miniature Pinscher**

**Papillon**

**Pekingese**

**Pomeranian**

**Poodle**

*See answer on page 179.*

# Education

## Universities With Large Endowments

```
A I N A V L Y S N N E P M
D R J R V M P O Y L J Z Q
Q R V J T M T Y G T T Y T
Y D O R Y E T G P E J A D
L K M F C M H B X L I T R
M D N N P I A M N N Y G
B N I B Y A S C R E T L R
Z R G X Q A T O H V L Q R
P S V M M Y F S R I A A Z
N A X B L I M I T R G R Y
G X M J L Y X D B Z B A D
J E T A B K G Y L N Y D N
D T C G Y Z G R Y W P T T
```

**Harvard**          **Princeton**          **Michigan**

**Texas**            **MIT**                **California**

**Yale**             **Pennsylvania**

**Stanford**         **Texas A&M**

*See answer on page 179.*

# Location

## Hawai'i

```
A H E M A H E M A K G N I K
I C A P T A I N C O O K U J
V N J L W G L I S D G L Z Y
O D A R T L S U N X U P Q J
L N B L D L C Y J L I G Q L
C T B P A S L X O N V K Q M
A T Y N I K Z N E R R G Z P
N W D B G Y O A K K N K P N
O S I R T H P U A U R J J M
E H Y W K P W J I H K T D P
S Y B R L N D N Z L O U T T
X M N E G D K M R T I L I N
B Y S J N R Y B Q V Q L A Q
```

**Captain Cook**

**King Kamehameha**

**Islands**

**Honolulu**

**Pineapples**

**Aloha**

**Hibiscus**

**Kukui**

**Volcanoes**

**Lili'uokalani**

*See answer on page 179.*

# U.S. History

## 1972

```
A N T W B M R D G Z M T P W Z Y Y S N N L
C P O N G P G E W Y J N R Z R N N W G K Y
I N L L P T D L H N W T M M M O B J T Q D
T L Z M Z N Y F Y T Q Q T D P J N R P Z N
T X D X T D L Q U Z A L M A X L D P N W Q
A R W R Z Q L R G R E F E L M R V L A J V
F V S G E T Y B G A M W D D R J R T M X G
O W U P X Q M J N K L A M O N Y E G K K D
S V P T Y Q U O B A B N L G R J L W Q B
E L E B V Q N A C M W T Q V G E G M G Z Q
T L R G L M L I L G B Z L A G L H Y Y J J
A B S P E 7 G L W R Y V T Q R E X T J X R
T P T W M O 1 Z Q N I E N V W Q O N J N G
S V I T L N V O J R T G D L M R N R V R B
D M T O Y V T T L N N H K G T M Q G L T
E L I L K N P B Q L M R M T X L T Z Z I N
T B O Z M N B J T J O V Z M S P R X R B A
I B N N V L P N R D Z P R Y Q R R Q N B R
N Y M T T W R K N N B Y A R L D M J W B T
U B D Q V D J W X B Z R Z M Q M Y D L D Y
```

**Pong**

**Equal Rights**

**Watergate**

**Furman v. Georgia**

**United States of Attica**

**The Godfather**

**"Superstition"**

**Biological Weapons**

**"Lean on Me"**

**Apollo 17**

*See answer on page 179.*

# Sports

## Olympic Summer Sports

```
G N I V I D G N I M M I W S
D R S L M B L G K R S Y Z Q
L Y O V L V G D Y C N Y J G
E T C Q N A G T I N Y R Z J
I E C L L A B T E K S A B Z
F N E G Q C S Y G M B X R L
K N R N R A Y N E O N L W N
C I D D N J I C X L K P B Y
A S Y M N C W I L M L W B M
R R Y K N V N T T I J O Z Q
T G W E M G Z Z D M N D V N
B P F V R Y X R Y K N G L N
```

**Basketball**

**Boxing**

**Gymnastics**

**Soccer**

**Swimming & Diving**

**Tennis**

**Track & Field**

**Cycling**

**Fencing**

**Volleyball**

*See answer on page 180.*

# World History

## The Reformation

```
E N I V L A C N H O J R
N F Y T K T X J N N E L
O J F T H P R Y L H Q P
I O H I J E L R T P R B
T H U V L N O U M O Y A
P N S Y L C L L T R N X
U K S R R N Y E O G Y D
R N K K I N S W L G P M
R O J T T T E I N M Y T
O X R D A V C H J H V V
C A N N L A G Y B W O B
M T T P N N N V L M M J
```

**Theology**        **Martin Luther**        **Anglican**

**Corruption**      **John Calvin**          **Protestant**

**John Wycliffe**   **John Knox**

**Huss**            **Henry**

*See answer on page 180.*

# Business

## Leading Businesses—Property Insurance

```
Y L I M A F N A C I R E M A G P B L
F A L L S T A T E Z R L M Z Z E L D
E I M V J B N D B Y Y W X R R V L Q
V C D Y L K D L R R B B T K L Z Q V
I N Z E B I W J L T Y D S T Q Q N P
S A J B L N B V J T N H M T B Q R B
S N B X D I R E T J I A R Q Z Y K L
E I N T J R T W R R G R C M B T R Q
R F D Q G S R Y E T R K P I Z B K G
G D W B W Y R H N V Y J Q J R L D Z
O R K N T Y A E Q A V M M G Y E B Q
R O W X J T T R L D T Z U M B Z M Y
P F K B H Q P J V E B I W T Q Z N A
M T N A V K Q K B J V J O L U K B A
L R W Z P K R T N T W A L N D A A T
D A B K L Q Y M R N M Y R N A S L T
Y H N Y L M B Z D T Q R T T U L Q L
```

**Berkshire Hathaway**

**Allstate**

**Liberty Mutual**

**American**

**Progressive**

**USAA**

**Travelers**

**Hartford Financial**

**American Family**

**Fidelity National**

*See answer on page 180.*

# World History

## Scientific Revolution

```
N R Y E L L I P T I C A L O R B I T S G
I T B R L X M Y T G D X Y G M P J T O N
C W L L O B S E R V A T I O N A L T G Y
O R E L P E K S E N N A H O J Q T X N T
L Q V Q I J H W B G T V J B B F G T Z K
A R P I D S Y T L J M M J Q R P G D R W
U B R Z E Z A K C Q M G Z I V J N Q Q Y
S K B E T L J A N I Y M E J B Y N Q R R
C Z Y P N V I L C D R D P R Z B D T Y Z
O N T B R E N L R N V T K D T M E R B W
P G Y D T T D M A O E V N L Q M X J B Z
E T J B R V D E N G N W D E O W Y G W G
R W Z D D Y G L S D O L T E C D B D R Q
N R Y P R Z E K P C Y E G O D O M T K Y
I V R R B I P Q L Y A N L N N X I V Q Z
C R V Q B L L N V B J R D I Y B M L P D
U X J N Q Y B P N T Z V T Z L V N B E J
S N I R Q V B L W M T R P E D A G Y L H
N Z V M R X B J Q D Z Y L L S D G V B Y
```

**Nicolaus Copernicus**

**Heliocentric Theory**

**Johannes Kepler**

**Elliptical Orbits**

**Galileo Galilei**

**Isaac Newton**

**Gottfried von Leibniz**

**René Descartes**

**Observational**

**Geometry**

*See answer on page 180.*

# Arts and Media

## Famous Classical Composers

```
P T K M Y H A N D E L R
A R D B N S M Q T J A X
C E Y D E R S R K C D Y
H B N R M E T U H T W T
E U I Y N N T M B N M B
L H M D M R A H I E Y R
B C B V L N T P O B D V
E S W X I A O R A V L V
L P K N M H V C A G E M
R Y O Z C N H I J Z L N
J F D D W Y R Z V J O N
F D Y P B N Z T N R K M
```

| Chopin | Handel | Pachelbel |
|--------|--------|-----------|
| Bach | Vivaldi | Mozart |
| Debussy | Rachmaninoff | |
| Beethoven | Schubert | |

*See answer on page 181.*

# World Facts

## Densely Populated Countries

```
B M A U R I T I U S R
V A T I C A N C I T Y
Z D N T T I M N S M J
M T Q G A A G O A V M
D Y V R L A D L M M T
K Y H T P A D B O K N
K A A O B I D N J T Q
B T R R V L A E B R D
G E A E M C D P S G G
R B S W O B L B V H Z
```

**Monaco**        **Bahrain**        **Bangladesh**

**Singapore**     **Malta**          **Barbados**

**Vatican City**  **Maldives**       **Mauritius**

*See answer on page 181.*

# U.S. Facts

## Leaders on U.S. Currency

```
W  J  N  W  T  P  Q  K  G  J  D  Q  T
N  A  J  O  T  L  E  V  E  S  O  O  R
S  Y  S  Q  T  N  G  F  Y  N  R  W  R
F  A  W  H  N  L  F  R  L  Z  N  Y  T
R  J  C  E  I  E  I  O  A  O  Z  M  R
A  G  D  A  R  N  C  M  S  N  L  K  G
N  Y  V  S  G  N  G  K  A  P  T  T  D
K  M  O  T  I  A  C  T  L  H  K  T  Y
L  N  B  L  N  A  W  Y  O  P  B  R  Y
I  D  J  Y  J  N  B  E  Z  N  D  Y  P
N  J  L  B  Z  R  Y  D  A  N  N  J  X
```

| | | |
|---|---|---|
| **Washington** | **Jackson** | **Kennedy** |
| **Jefferson** | **Grant** | **Sacagawea** |
| **Lincoln** | **Franklin** | |
| **Hamilton** | **Roosevelt** | |

*See answer on page 181.*

# Science and Technology

## Cities With the Tallest Towers

Tokyo

Guangzhou

Toronto

Moscow

Shanghai

Incheon

Tehran

Kuala Lumpur

Tianjin

Beijing

```
R I A H G N A H S G L
V U B Z T T M W U M Y
B B P J M R T A D Z T
M E L M O T N O R O T
O N I P U G Z I K N L
S N Y J Z L N B I Y W
C Y A H I C A J Y K O
O N O R H N N L B M M
W U G E H A G M A W T
Q Y O M I E M G B U K
Y N R T R M T R Q J K
```

*See answer on page 181.*

# World Facts

## Sparsely Populated Countries

```
A E M A N I R U S R G X X
I T N Y A D V W K J N Z L
N B Y Z D I N Q P T A T T
A O Y Q T Q B A A I J P D
T T Q B B R B I L Y K M Z
I S Z W Z G G A M E B R T
R W L J G U R O K A C I R
U A Y M Y T N C T Y N I L
A N D A S G L P A G N K J
M A N U O K Z N T N J Z B
J A A L Y Q P L T Y A W N
N N I G X N G T R V N D X
Z A J R W Q B W M M W W A
```

**Mongolia**

**Namibia**

**Australia**

**Iceland**

**Suriname**

**Mauritania**

**Libya**

**Guyana**

**Botswana**

**Canada**

*See answer on page 182.*

# Animals

## Groups of Animals

```
S  E  I  L  F  R  E  T  T  U  B  F  O  R  E  T  T  U  L  F
P  A  E  R  I  E  O  F  E  A  G  L  E  S  W  M  M  W  W  Y
R  A  Z  T  N  N  J  G  Z  Y  R  P  N  V  G  J  N  Y  B  W
M  H  R  L  R  T  N  L  G  G  Z  X  Q  L  Z  L  Y  N  S  M
S  B  S  L  S  A  R  B  E  Z  F  O  L  A  E  Z  Y  E  S  N
A  E  Q  I  I  V  Y  X  G  N  Q  N  R  M  Q  D  H  N  W  J
N  V  Q  L  F  A  R  Z  K  Q  Q  V  P  W  V  C  I  X  N  V
E  Y  D  M  K  Y  M  B  N  N  Y  T  R  R  N  H  R  R  T  P
Y  O  W  R  B  M  L  E  V  Y  M  J  L  I  P  O  L  T  T  T
H  F  Y  K  V  D  W  L  N  N  N  J  F  L  M  Y  Q  J  Y  J
F  S  Z  N  D  R  L  W  E  T  R  F  O  P  T  M  M  J  V  L
O  W  G  X  N  X  X  D  J  O  D  O  D  V  L  N  G  D  D
E  A  R  X  R  Q  N  W  D  M  F  F  R  M  Y  J  K  Q  Y  J
L  N  T  D  R  N  Q  N  R  O  O  O  O  J  B  W  R  G  L  L
K  S  G  V  B  R  R  A  D  T  N  L  K  W  L  J  B  L  W  Z
C  G  W  G  W  L  H  O  T  N  M  T  Y  C  L  X  M  R  Q  B
A  Y  B  J  P  C  P  E  D  Z  G  N  D  M  A  S  M  R  Y  R
C  W  M  N  L  Y  R  V  T  Y  D  R  R  X  L  M  M  R  L  P
N  Z  Y  M  Z  S  G  T  Q  W  W  T  K  M  W  Z  S  Y  R  M
```

**Bevy of Swans**

**Pod of Dolphins**

**Zeal of Zebras**

**Smack of Jellyfish**

**Flutter of Butterflies**

**Aerie of Eagles**

**Parliament of Owls**

**Romp of Otters**

**Cackle of Hyenas**

**Charm of Finches**

*See answer on page 182.*

# Education

## National Spelling Bee Words

```
A R U T A I G G O P P A E
P S N E P A T E U G Y C M
E R C E R N U O U S N D Z
N G O D K Y I N R E G J Y
I U W C V O L A I N P X B
F E G N O W I C C T M G Y
E R K L L C I N L O K T R
R D J J N P U L O N R Q X
R O Z W S J T R A N L A L
E N G O M L J I A Q I D M
S V R D R W D P M N Q A N
Q P J W N E T J D R T N T
T Q L N L B T M L D D E Y
```

| | | |
|---|---|---|
| **Cernuous** | **Guetapens** | **Prospicience** |
| **Koinonia** | **Guerdon** | **Prococurante** |
| **Marocain** | **Serrefine** | |
| **Knaidel** | **Appoggiatura** | |

*See answer on page 182.*

# Location

## Michigan

```
G M O S S O L B E L P P A
Y N Y L X P T R T N P P R
V L I N D I D N D O D P X
R L G R O R L T N J X X D
Y R J R U T J T L W M Y B
R L T R E T I D H E T J R
P E P M X A C I L Y D X R
D R L T C A T A L Y Q O P
K J N V W E N L F L M P M
W V D A P S I N A U J N K
M Z T I I B B J T K N Y L
Y T N N R X O D J V E A M
O E G T M Y R L V T N S M
```

**Great Lakes**     **Robin**          **Manufacturing**

**Lansing**         **Pontiac**        **Ottawa**

**Detroit**         **Model T**

**Apple Blossom**   **White Pine**

*See answer on page 182.*

# U.S. History

## 1997

```
D I A N A P R I N C E S S O F W A L E S
T H E F I F T H E L E M E N T R T Y T Y
Z Z J L M W I X L D N Q K T E H R Z R R
W B D N J J T K Y L D Y Y T G J D D D Z
B J V L W X A V L X L X T I T N T D M T
M D H T X K N N R T Q O R W B Y Z M Z L
T R D E N R I T R N P B M L G Z L J V N
A X T G A W C M P Y L D V N G M J J G K
M D D W W V K G R A M N O M Z Z D J Y Y
A E V D P Y E R E R T N K L L T Y X L D
G D N W N K A N M L X H B K L W R L D T
O N X I Y H I K S L J N F Y W Y V L Y P
T D K T N E L N B G V L N I M N T G L M
C R J M L B L G P P A M T Z N J W N V R
H Y J E D R L K B X M T V D V D B R V M
I N D T Q R P A D Y Y B E L Z E D J R
Z A Y N T T D D C Q J J D N W D Y R B Y
M J Q J J L R V M K Q X B M X W M B B V
```

**Madeleine Albright**

*Pathfinder*

**Diana, Princess of Wales**

*Titanic*

*The Fifth Element*

*Men in Black*

**Harry Potter**

**Tamagotchi**

**Heaven's Gate**

**"Dolly"**

*See answer on page 183.*

# Sports

## Recent Heisman Trophy Winners

```
D A Z J K D L W N W P Y Y X J L Y
L H T I M S A T N O V E D O J N G
E J V O G L B L G L D D H Y I T J
I N O T I T A W Y B T N Q F G N N
F Y M E V R B M V N N L F L O V K
Y B R N B X A D A Y T I B T M Y Y
A V M N J U L M M R R D S L L J T
M J Y B E T R A S G J N K E L Y R
R R T D X H N R T U I A R Z Y B M
E V G Z T Z K R O W C M C D W D Q
K J X R I P E C S W U R G K L R D
A N D E Y B L I I R R L A G S M K
B G L M O L E M R R Y M B M P O J
P W Q R J M Z A Q Y R D E M Q N
M G B T A K Y J Q B N E M L R N B
B L B J N D R N K W B N D W L R K
```

**DeVonta Smith**      **Lamar Jackson**      **Johnny Manziel**

**Joe Burrow**         **Derrick Henry**      **Robert Griffin**

**Kyler Murray**       **Marcus Mariota**

**Baker Mayfield**     **Jameis Winston**

*See answer on page 183.*

# World History

## High Renaissance

```
S E V E L C E D E S S E C N I R P
D E M M R Z M M T D Y Z N J T B M
Y Y U Y R P N D N T B X T D T R K
N V B L J T N X L D Y J M M N P V
A L K X A A D E G T Y I X M P M K
M Q J D R V V X I L C T J V G L R
I D R B R O L S W H E U Q O R A B
C K M D N E O A E G V B B L L Y Y
S E Y Y P U A L C E R N D T D R D
R D M Y T M A L R I W T Y N K T Z
N M L R R N R M I D S B B G T T G
K K I M G N E K Z S D S Y L Y Q R
M V M E J E L Y L D M G A Y K W M
R Y L P R Z R L G B B J V L Z N T
Y O Z P L K M B Z K M L G N C D L
```

**Michelangelo**     **Rembrandt**     **Dynamics**

**Baroque**          **Vermeer**       **Classical Values**

**Realism**          **Virtuosity**

*Princesse de*       **Novelty**
*Clèves*

*See answer on page 183.*

# Business

## Leading Businesses—Retailers

```
O R E I L L Y A U T O M O T I V E
A D V A N C E A U T O P A R T S B
D O W B A D L L M X D K D X L D V
O L X T E U Z Q Q N Z Y T Z T N Z
L L R R R D T T Y P B W W N T Z
L A O Z T A B O Y K J J J Z T K Y
A R R W K Y C A Z B T B Y K W N B
R G R Y E K D T T O T L L T J R T
T E D X N S Q O O H N X D B P R N
R N J M N M P Y R R B E Y J B X Y
E E W J Y E U P M Q S E D T M M Q
E R M D D B N X G L Q U Y T N L B
T A B E T W L D M K Y R P O T Y N
P L M S T V W V Z M L R B P N D W
G O E M P V J V N Q N R L Y L D R
H B B M M B J K P M W V T X Y Y Y
```

**Home Depot**

**Lowe's**

**Best Buy**

**Dollar General**

**Dollar Tree**

**AutoZone**

**O'Reilly Automotive**

**Bed Bath & Beyond**

**Tractor Supply**

**Advance Auto Parts**

*See answer on page 183.*

# World History

## Commercial Revolution

```
S D L M V P T N Q Q S V V N
R J R G L D Y K J E Y P J B
E K R Q X L V K I X Y B Z D
W D C J T D G R L E D Y P N
O M K O D I T M C Y M M M N
T Y E M T S D N Y O J M Z M
K Z V R U S A E N D Z P N T
C Y R D C R T O R E V L I S
O J N Y U A C N G C M N B L
L I D S T E N O I N R Z L D
C T N M R D L T R O M M L N
M I G Z A D N G I W J V J P
J Y P G D N Y R L L D K K R
Q D N T E T J G D R E Y N Y
```

**Economy**        **Joint-Stock**        **Mercantile**

**Trade**          **Insurance**          **Industries**

**Gold**           **Credit**

**Silver**         **Clock Towers**

*See answer on page 184.*

# Arts and Media

## Famous Country Music Artists

```
D O O W R E D N U E I R R A C
R W D W S T Z Y M W N G J K N
T E M O G E T M A L A R C B P
I M B Y L V M R G R Q A M Y L
A H Z A T L G I T T M J E N M
R Z S L M C Y H R O V L T L Z
T P R A M C B P W N S D W L Z
S T Z M C R E N A I N D R V D
E R I B O Y N N A R M A T M V
G T B O D A N P T D T P E Z L
R V K M E D D N B I R O R L V
O S T E P A G V H P R N N T N
E D L D R X J X V O V E Q T D
G M Z B M Q W R Y B J L Z T B
```

**Garth Brooks**

**Johnny Cash**

**Dolly Parton**

**Brad Paisley**

**Tim McGraw**

**Reba McEntire**

**LeAnn Rimes**

**George Strait**

**Carrie Underwood**

**Lee Ann Womack**

*See answer on page 184.*

# World Facts

## "Hello" in Ten Languages

```
R S H A L O M G R K
P U W M A L A S O R
R D O M N T O N T D
I X R J N I N A Z D
V V B E N I H G I Y
E L T T C O A A H C
T U M H R D B A O B
G N I Y D R L Q N L
N W N O P L Q L G P
A B G B O Y Y Y P T
```

**Salam**

**Ni Hao**

**Bonjour**

**Ciao**

**Konnichiwa**

**Privet**

**Hallo**

**God Dag**

**Guten Tag**

**Shalom**

*See answer on page 184.*

# Science and Technology

## Anatomy of a Cell

```
E V Z C P R O K A R Y O T E
T M A Z H M S A L P O T Y C
O I I N M R K W P N L T J N
Y T B T D L O P B R B W G Q
R O J J O D K M D T D G B R
A S T N K C E P O Y P R D Y
K I D K Q I H N L S Z Y B Q
U S K L O R U O N V O Q M J
E P R S D C Q I N B G M N M
L L I R L L E Y V D V R E G
X S N E K T Z Z W G R P R W
L T U V O B R Y R Q D I X D
Z S D R L N P L K M B J A K
B L P Y R D R P R R K P J J
```

Chromosome    Mitosis    Protein

DNA    Nucleus    Cytoplasm

Eukaryote    Mitochondria

Meiosis    Prokaryote

*See answer on page 184.*

# World Facts

## Top Foreign Development Aid Donors

```
K M X T W M L P W R L W M
R N S P W B R N G U W O Q
A S M D T B L E X M D T N
M W W B N Q E E C G X O T
N E R I Y A M L N N R Y N
E D Q N T B L I G W A R D
D E L N O Z K R A I B R G
Y N Z U Z D E Y E B U E F
N N R R E M B R N H R M J
X G P T L T D J L M T V W
D R I J T B B Y A A R E J
B N M K B Q T N L B N Q N
U X D T K M Y X Z T Z D G
```

**Sweden**          **Germany**          **Switzerland**

**Norway**          **United Kingdom**   **Belgium**

**Luxembourg**      **Netherlands**

**Denmark**         **France**

*See answer on page 185.*

# Animals

## Baby Animals

```
G Q N B M A L E R
N S K W B J L D R
I C Q U A O N Y K
L A C U P F D I K
R L P D A C R J D
A F A L O B O W Y
E T B L M E N W W
Y W T T Y D W X D
```

| | | |
|---|---|---|
| **Calf** | **Joey** | **Squab** |
| **Colt** | **Kid** | **Yearling** |
| **Cub** | **Lamb** | |
| **Fawn** | **Tadpole** | |

*See answer on page 185.*

# U.S. Facts

## Busiest Passenger Airlines

| | |
|---|---|
| Southwest | Spirit |
| American | JetBlue |
| Delta | Alaska |
| United | Frontier |
| SkyWest | Allegiant |

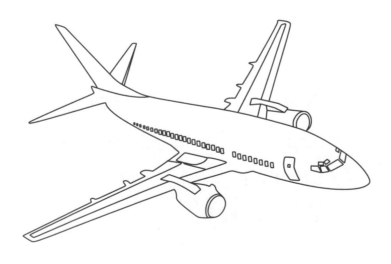

```
S T N A I G E L L A Z
N O F R O N T I E R L
J A U U Y D E L T A X
E T C T N A K S A L A
T I D I H I E Y Y J L
B R Y M R W T X N M Z
L I X B Y E E E D J M
U P L K R M M S D J J
E S S M D Q D A T R W
```

*See answer on page 185.*

# Location

## Louisiana

```
R S N O I T A T N A L P M
E C A J U N M J Q T T A Z
T B Z M B N Z Y X X R X Y
R Y N L M A D R J S E G S
A Y S E G Z I N H G L N N
U B A Z W L Q L U N A Y R
Q J R Y T O A O O C W T N
H T G Y M N R E I N M Q X
C N I M D N N L L T G T D
N Z D S O B E R E O D A M
E Y R T M P N X K A E V M
R V A L L P Z Q M V N R Q
F B M J Y T T R R M R S C
```

**Marshlands**      **Pelicans**       **French Quarter**

**Baton Rouge**     **Mardi Gras**     **Plantations**

**New Orleans**     **Creole**

**Magnolia**        **Cajun**

*See answer on page 185.*

# Arts and Media

## Longest-Running Broadway Shows

```
T A L O G A C I H C W I C K E D V L
S M R E J X Z W Y B Y R W M J M Y X
A B T E S L L M D M L Z L Z N M L Q
E R L P P M Y D J D B Q G N K G P N
B G D N M O I A C H O R U S L I N E
E N O J D K E S R N J J N R B N M Y
H P H D B T A H E V N N G R Y R W D
T D C Q L P X I T R V D M L D V Y W
D T A J L M K W M F A T N P V X X D
N N L X M J T Z G A O B B R R Z L T
A N C Q Z J N N X J M M L T L D D T
Y D U T C R I D Q Q N M O E L R B Q
T B T A G K Y Y Y M D K A T S N Q M
U K T B N P R J Q R R J G M N Y T K
A S A O R L T G N T N B L J Y A R L
E J I L R K T D R V V N L D Z Y H D
B L B L T N G Z Q Z R T M V N D R P
```

**Phantom of the Opera**

**Chicago**

**Lion King**

**Cats**

**Wicked**

**Les Misérables**

**A Chorus Line**

**Oh! Calcutta!**

**Mamma Mia!**

**Beauty and the Beast**

*See answer on page 186.*

# Sports

## Recent Super Bowl MVPs

```
K N J B J Q N M Z Y K T Z N D
S E M O H A M K C I R T A P L
D Z A M A L C O L M S M I T H
R R D A W Y V L S N L J Z B Y
E L E D R R D E N E R J G G T
W M Y L J O L A D D O L N N Z
B R D G L O N E R E Y I J T M
R Q V Q F I N R F B N D L P J
E P N K R A M L O N M N V N R
E R C B I Z A N A D J O N G B
S I P L T C Y M O K G B T B W
N J U N C Q I P Q V G E L B Q
Y J L O Y L T Y T N T N R Z D
N K J M E J W R Y M D B M S L
```

**Tom Brady**

**Patrick Mahomes**

**Julian Edelman**

**Nick Foles**

**Von Miller**

**Malcolm Smith**

**Joe Flacco**

**Eli Manning**

**Aaron Rodgers**

**Drew Brees**

*See answer on page 186.*

# World History

## Enlightenment

```
I T O R E D I D P B L T G L T Z Y
N D M Q J Y D L N M Y Q L X L B E
H N S Y Y Z Z X Z D N Z R M R R T
E N J O Q B J M D J Q G R N I M U
R T E N C Y C L O P E D I A Q E K
E M H M R I D V P T M W T K I W K
N U S I W P A D L B Z L B U T Q Y
T A D I C J T L T W O M Q J J N T
G E N M V S D P C V M S T M W W W
O S M O N I B R J O E K T T G J V
O S L M S X T L R T N M N T M P R
D U T J T A T A N Y Y T R M N V Y
N O B D X Z E O L N L W R D B W R
E R P W K D M R M E K M R A M Z M
S T G Q T L D D B R R Q J T C M M
S X R N L L G X L M K Z N Y G T M
```

**Montesquieu**

**Voltaire**

**Rousseau**

**Encyclopedia**

**Diderot**

**Ethics**

**Relativism**

**Social Contract**

**Inherent
Goodness**

**Reason**

*See answer on page 186.*

# Business

## Leading Businesses—Gas & Electric

```
C L D O M I N I O N E N E R G Y N L N R
I W A Y G R E N E E K U D B W E K O B N
R J Q N T N X V N D V M Z T X T S N N Y
T W V W O R M Z D L W B Z T M I X R D L
C Y L B V I M L Y Q R W E L D D E J L L
E B X P J Y T M N Q Y R L E T H P L D M
L R B N T Y L A Z R A M D E T N P N X W
E M B Z R T Q Z N E Y E E U M N K L T B
N Y W V P T D K N R T N O T J M R G Z J
A Y D B L Y B E W A E S R V J G D W Z G
C W Y L N T R L D R Y T T V M Y B L B R
I M G T N G L I G L P J N L K Y L Y Q K
R T M K Y G L Y E T K Y T I L N M D Q Z
E G J R T O B B N X Y L R B N Q W P X N
M Z D K S M V K X K E Y L T T O M J T J
A R Q N P G E G N Q L L Y Y J J S G Z J
K J O X Z M M W T M W R O L K R P I Y Y
R C D Z Y Q Z Y N G T R Y N D Q B B D K
V X M Y W T Y G Q P L J D L Y J M N D E
```

**Exelon**

**Duke Energy**

**Southern**

**PG&E**

**NextEra Energy**

**Dominion Energy**

**American Electric**

**Edison International**

**Consolidated Edison**

**DTE Energy**

*See answer on page 186.*

# World History

## French Revolution

```
N L B A S T I L L E Z Z R T M M Y
B A C O N V E N T I O N B T A W J
Q R P P R R D Q L J V P W R M T L
R E V O N S J I Q A G K I R E V D
D N V Z L W T D R L V E D N Q B T
J E M X J E D A M E A E N Y T G K
R G L Y D M O B R N C I N P N Y V
Y S T L N Q J N T C S T V D Z Y Q
N E Y Q T Y K O B C O Y O L E Y T
L T R X Y W I T O O Z T O R M E G
Z A J Y T N N U G L N U S V Y B W
T T Z D E V R P T T I A B I Y T M
Y S M T T T X J M S Y X P M R Y G
M E T T O V D L Y D M P Z A W A L
Q E Z A G R Y B D W R Q K P R P D
P X T B N Y L R N L T Q R Y Z T Y
W H Z Y N T D D T B T Y L K Z Z E
```

**Bastille**

**Aristocrats**

**Louis**

**Marie Antoinette**

**La Vendée**

**Estates-General**

**Convention**

**Napoleon Bonaparte**

**Directory**

**Tennis Court Oath**

*See answer on page 187.*

# Arts and Media

## Early Christian Art and Design

```
E L Z Q L D N D X N B Q D R R
S R E G N I S E N N I M O Q G
P V U G R X G Q Y R K U G N L
S O T T O Y O B P N Z I D Q
S L I L P V M J T D Y T T S G
A N L N Q L B A E H L L R N R
L J R Q T B U D N U I U R S L
G N M P R E A C A E O C A M P
D P M P V R D V S D S C B N X
E L N Z C M B A A F I Q Q G B
N R M H L I B B R L E B U D R
I G E R R L U X I C D I N E N
A S W M L O T S Y X H B L Y D
T J X P R B A R T Z G E G E B
S N N T D B B Q W P N D S X R
```

**Romanesque**

**Rounded Arches**

**Basilicas**

**Troubadours**

**Minnesingers**

**Gothic**

**Rib Vaulting**

**Pointed Arches**

**Stained Glass**

**Relief Sculpture**

*See answer on page 187.*

# World Facts

## Nations Beginning With C

```
C Y P R U S W L R B J
C O T E D I V O I R E
E D L Y Y C Y C V C R
C D D C U W A Y O B Y
A W R B A M J S J C G
N V A E B M T B H Y A
A J D O V A E I Y N J
D D D L R O L R I N J
A I X I L E B H O V L
A X C T W R C A R O M
W A L Z L D G V C Q N
```

**Cabo Verde**       **Chile**            **Cuba**

**Cambodia**         **Costa Rica**       **China**

**Cameroon**         **Côte d'Ivoire**

**Canada**           **Cyprus**

*See answer on page 187.*

# Science and Technology

## Laws of Physics

```
P R S W J Q N P M W R P T N W R
A S P P T Y V M A M P Y B Z L M
U L C N E Q T R C X J N L N W D
L T L I D E J I H X R Z O N N Z
I K L N M B D P V D D I L R P N
S L G I M A N O V A T Q J T A L
E W D Y N Z N B F A R F B I Y M
X B B Q L T Z Y V S R G T J L M
C Y T J B V E R D E O R R W N W
L Q Y T L Y E N Q O E U T G A L
U D Y B Z S B U S N M J N L G R
S N B B N L E T I I D R S D N M
I Z V O R N Y V R L T M E R Q K
O M C V C L V D R Z H Y Q H B J
N Q L Y L D M X T O R J T D T B
```

| | | |
|---|---|---|
| **Gravity** | **Ohm's Law** | **Intensity** |
| **Inertia** | **Pauli's Exclusion** | **Speed of Sound** |
| **Conservation** | **Mach** | |
| **Thermodynamics** | **Frequency** | |

*See answer on page 187.*

# World Facts

## Nations Beginning With M

```
O S B Q M D Y L D G P L M T D N
R Q D A A B K T M R D Y Q R G N
G L L N L T Q A A J R R B X M J
E I M W A N E C I Q P P D Z W Y
N N K Z W L S U D L T R N K V N
E M N R I A S D Q D O M B O B G
T P Z R G D P I G I K G C Y Z N
N Y O A M M Y Y L R B A N M J G
O G D C G A P Y M L N M N O Z B
M A D L I M L G K O A J A G M B
M Q X J V X G D M N R H T Z B M
W R V B M W E T I M X W S Z O B
Y N M D R P T M L V W T N R Q M
Y X D G M D Z J Z T E D M P A D
R P L L X Y P N Z T D S L K N M
```

**Madagascar**      **Marshall Islands**      **Montenegro**

**Malawi**      **Mexico**      **Mozambique**

**Maldives**      **Monaco**

**Mali**      **Mongolia**

*See answer on page 188.*

# Animals

## Long Lifespans

Elephant

Gorilla

Hippopotamus

Horse

Bear

White Rhinoceros

Baboon

Tiger

Chimpanzee

Zebra

```
S O R E C O N I H R E T I H W
S T E J G N X O L E N T Z Y K
T U T L D M R P Z J X R N J Q
D T M M E S R N R Y Z O M B L
A I X A E P A T M G O Z Y V T
L G Z T P H D Z B V K T M T
L E Q D M O D A A N J B X Z T
I R W I L X P B N R R R M R L
R B H L Z J D O Y T B R L N T
O C Z T W Y D D P T Q E L X Q
G Z M D W N V Y R P Y B Z X R
D W X K P N Q L Q A I P G M J
M P K L T J M D Y Q E H N V K
M W J D L T P T P D Z B D W G
```

*See answer on page 188.*

# U.S. Facts

## U.S. Representatives to the U.N.

```
D L E I F N E E R G S A M O H T
N C O H E N H B V M J Z D W Z N
O W D V N P Z A D L Y R T X K Q
T O Q J Y X R A L L Y J J V Q T
L L W T C Q Z X J E V Y R M M L
O F R R L L N X K T Y P B Y D T
B F A E I N O S R E T T A P J J
Y F R L W W Q J P R D J R L L D
T R A Y J O L J N Q L X Y G Y V
G H R B D J P V Y D N J Q G R T
K K M I D B V Q J Y X N W Q R R
N X R M C G R Y N B L L R T Y R
L R Y Z P E P P P M X L L R B Y
```

**Craft**

**Cohen**

**Haley**

**Power**

**Rice**

**Khalilzad**

**Wolff**

**Bolton**

**Patterson**

**Thomas-Greenfield**

*See answer on page 188.*

# Location

## NYC Landmarks

```
L A N I M R E T L A R T N E C D N A R G
E M P I R E S T A T E B U I L D I N G J
G M W X D R R Q W K M J Y R D D T D G W
Y N E K R A P L A R T N E C D R X V L Y
B T W T D V M M P W B L C T A G D J Z M
R K R K R R T Q W D Y O Y N T D P Q R Q
O N Y E L O Z T B M N Q R T T V B W E Y
O K G P B N P W L E Y E X E D N B N L T
K N R Y T I Y O Y L D B R J N J I N P J
L Q T Y D G L I L O Q A Q Z N L X R Q M
Y Y L J J D S F M I U J L Q H R W Z N J
N N Y T P L J F O Q T Y L G B X R Y P Y
B D N Z A Z O J S E R A I L R Q D Y P L
R B Y N P M Z S T G U H N N V R M Y J L
I K D B U L E Z K J E T G K M Z X N L R
D P W E D M W Z D H L T A D R J Y J X T
G M S D I D X R T L N Z M T M T M R L Y
E U D T T Q N P Q L T Q Q M S B R D Y M
M Z B R Y Y V G T J P V T T P Y M G G L
```

**Central Park**

**Metropolitan**

**Museum of Modern Art**

**Statue of Liberty**

**Empire State Building**

**Times Square**

**Brooklyn Bridge**

**Grand Central Terminal**

**Coney Island**

**The High Line**

*See answer on page 188.*

# U.S. History

## The Bill of Rights

```
V S J Z R Z R Q B D Q Q J J D T R L N
S X T K Q N L N T T D J R M G J X X P
E Q T H B X Y L K Z J B T W S L Z N L
A M U V G R R R M X D N G T M W D S M
R T L A R I G H T S O F A C C U S E D
C H N D R P R K Y T W T Z T S E J B J
H C L E R T N D T M E M R M C R J N D
A E D N M M E L E S Q I R O B J T N M
N E Y L G H Y R R T A A R D B R Y B Y
D P D P G Z S I I L A P K E V N M Y
S S X J N N G I B N E R V N X R J B T
E Z L D Z H W Y N U G G E Z T Y J K M
I Q D T T L J D D U X M Q M N B V B J
Z L J S P U N T Q K P Q M T U Y N K L
E D P L R Q M K K M X R R G R N J Z W
Y L N Y D J R J M D J Y I Y V D E Y K
Q Q G D B M B W X J J J K A M Z Z N T
Q G L N T G T T Y L R T R Y F V T J U
```

**Speech**

**Arms**

**Quartering**

**Search and Seize**

**Due Process**

**Rights of Accused**

**Trial by Jury**

**Fair Punishment**

**Unenumerated Rights**

**States' Rights**

*See answer on page 189.*

# Sports

## PGA Prize Winners

```
J O R D A N S P I E T H D D
T R S A M O H T N I T S U J
Z I A R R Y R M N X L S D L
R Y G K T A H R W B T Q Q T
H D O E P A H L T I Q D K N
L G X R R E J C N D L B G Q
T V N N L W O J U A D Y Z K
J Y O I K I O K N K Q R M G
L J N R S H C O S P T D Q R
R L D N N Y D M D K P T M P
M T D S M E A R Y S O L A M
P V O L K J N J N R Z O W M
X N N U D D W Y I N O M R M
Y Y L T N K D B T V N R Y B
```

**Rory McIlroy**

**Tiger Woods**

**Jordan Spieth**

**Justin Thomas**

**Dustin Johnson**

**Jon Rahm**

**Brooks Koepka**

**Luke Donald**

**Matt Kuchar**

**Vijay Singh**

*See answer on page 189.*

# World History

## Romanticism

```
W I L L I A M W O R D S W O R T H
L Y T M E O G U H R O T C I V V P
U M L V T K M Q N T Y L J Y R N D
D S T U R M A N D D R A N G T E W
W N C R T Y J L G B G D V J O X R
I Y A I T B P Z B M Q G J P K Z Z
G X L T H Z V M Q M L K N K N V
B T M R U T M N Y Q A E X T L B Y
E K K T X R O J B P L I D Q E K D
E M R Q L T A G D L N G L L W Y W
T Q T P N Z K L A R O T I L D Y L
H D X W J Y R R I E N M K T I Y Y
O Q K J Q Q A Y T S E M N Q L W K
V Z J Y T G L H X B M W L Y V R Y
E J B B D V E T B G M T W G N G W
N M Y E G B D Y D R V L N B D N P
```

| | | |
|---|---|---|
| *Émile* | **Gothic** | **Edgar Allen Poe** |
| **Naturalism** | **William Blake** | **Ludwig Beethoven** |
| *Sturm and Drang* | **William Wordsworth** | |
| **Goethe** | | |
| | **Victor Hugo** | |

*See answer on page 189.*

# Business

## Top U.S. Franchises

```
S B U S S E K I M Y E S R E J
E S D D B U Y R K T P M W Y T
Y S P N P N K L B I C P N Y M
E E M S Q K D N L D V W V Q T
P N B V D W P C O W G Q T B Y
O T S K T L T N D D M Q G J D
P I T R Y A A Z Y U N G D D L
Q F J T E L C M D K N K K B L
M T Q R D V N O W Z M K R J T
J E G S W O L M B B L T I N M
J N J R M M L U B E R M N N T
Y A V U R N T P C M L K Z Y D
N L K R T M V B J J L L M X G
B P B G Y R R L G L B Q G T K
```

**Taco Bell**

**Dunkin'**

**UPS**

**Popeyes**

**Culver's**

**Kumon**

**Jersey Mike's Subs**

**Planet Fitness**

**McDonald's**

**Great Clips**

*See answer on page 189.*

# World History

## *Fin-de-siècle*

```
E N A T U R A L I S M D P N K M M T T
C H X T L J Z Y Q B M D S M J X Z K T
I T C G D J W L W L X I Q Z Y Y M S Y
F T X S Z G G G Y J G Y O D V S I D T
I M Q T Z D T D K M R S Q E I N G W N
T H Z X L T R V U R C Q N T O D T W L
N J E V B T E N Y A D N I I T P V W Y
E Q Z N L K D I R P A L S K G L L D Y
I D T G R F V W N Z E S M S I L A E R
C D N Y R I I T E H E P R R T R G T R
S X X E N L K C P R C P R V Z D N J T
I M U D D Y N I P J M I M Y M N J B Q
S D M E L K J M B B X B R R N W Y Y L
A T D Y M J I B Q S Q W K D L J M J P
U Y B D M T K G L L E Z Y N E Y Y M M
Q V M N S L L K V D N N Z T B I T N Q
J J W O N M J M R Z G B J Y L R R D V
L J P Y R Z W K J J D R P M K W J F L
```

**Naturalism**

**Sigmund Freud**

**Henrik Ibsen**

**Oscar Wilde**

**Friedrich Nietzsche**

**Cézanne**

**Postimpressionist**

**Elitism**

**Quasi-Scientific**

**Realism**

*See answer on page 190.*

# Arts and Media

## New English Words

```
T E L E H E A L T H D Z
O T H P G J Y Z L T G V
O O A A V D E Z E E T D
B T T M C R Y T O Q T L
L A D W O K I T M L D N
E K Y D S R A E G G Y H
C U A E I G P T D M N L
K Y U M Y T N M H J Z Y
Z L A Y B D B V O O K L
B Y P X Q W Q J B K N D
```

**Hygge**        **Telehealth**        **Geotag**

**Kompromat**    **Zero-Day**          **Amirite**

**Oobleck**      **Blue Sky**

**Otaku**        **Hackathon**

*See answer on page 190.*

# World Facts

## Nations Beginning With T

```
O G A B O T D N A D A D I N I R T
A N L R M O P T G Y N X J Z Z N J
I R A R Y N W U J Z W R T M N J R
N G D T V G X R R M T U N I S I A
A D T P S A Z K Q B D A P M P G D
Z P L H R I Z E Y L T Q T M X D V
N Q M B A T N Y L S T U T R K B T
A G L X O I R E I T V L D B Q M G
T L T G Y R L K M A K M Q P J G D
L M O R G W I A L K N Q X D Z B Q
W N Q T D J M U N G R K G G B Y V
Y J L T A N Y W L D Y U Y R P Q R
R T M T D Q J V Y N J X T N G Y D
```

**Tajikistan**

**Tanzania**

**Thailand**

**Togo**

**Tonga**

**Trinidad and Tobago**

**Tunisia**

**Turkey**

**Turkmenistan**

**Tuvalu**

*See answer on page 190.*

# Science and Technology

## Geologic Eras

```
S U O R E F I N O B R A C
C L P Z N B B N D S T M Q
I P D A P A A Y U R A L T
O D A K L I I O K R L C W
Z C Y L R E E N C T I Y K
O W I B E C O H O O Y T J
N K M S A O E Z Z V G G R
E A N T S A G O O T E R P
C G E T N A S E J I W D Y
Y R Q E P E R L N K C M Q
C M O T M M R U W E M Y Y
L N M D V T M L J Q M D D
```

Paleozoic            Paleogene            Cretaceous

Cenozoic             Devonian             Carboniferous

Mesozoic             Cambrian

Jurassic             Archean Eon

*See answer on page 190.*

# World Facts

## Country Capitals

```
A  S  N  E  H  T  A  D  L  N
B  D  Z  N  Y  A  D  G  E  Z
R  A  D  J  P  Y  I  G  H  B
U  N  H  I  T  D  A  A  E  Z
S  N  A  N  S  H  V  I  R  T
S  E  K  R  N  A  J  N  U  P
E  I  A  E  N  I  B  R  K  L
L  V  P  A  N  M  I  A  R  Q
S  O  Q  G  D  E  J  D  B  T
C  L  Y  Z  B  J  M  N  Z  A
```

**Vienna**       **Beijing**          **Athens**

**Dhaka**        **Havana**           **Beirut**

**Brussels**     **Copenhagen**

**Praia**        **Addis Ababa**

*See answer on page 191.*

# U.S. Facts

## Popular Travel Destinations for Americans

```
C I L B U P E R N A C I N I M O D
U Y M E X I C O D T S Y J J M G M
N N N Y L Q N A Y P T G Z L Q Y L
I A Z E M M N N A Z W W Q Q R J B
T M Y M T A N I J N N X V G R D P
E R G R C H N D G M J R R B N Y P
D E G Y T J E N V Z W D N V B M D
K G K V V R D R R Y Y G Q B J B W
I L T Z V D N A L E R I M M Y L K
N F R A N C E X T A D Z I V M G J
G B B M Y B T T R W N T J X G M T
D D J T Z Y D V N A D Z Y L D T
O V N D Q D L J D L Y D S N X L V
M L X Q L V M X Y T T M K Y M P T
```

**Mexico**

**Canada**

**United Kingdom**

**France**

**Italy**

**Germany**

**Spain**

**Ireland**

**Netherlands**

**Dominican Republic**

*See answer on page 191.*

# Animals

## Kentucky Derby-Winning Horses

```
E A C I T N E H T U A Q M D W N
G M I L L H A V E A N O T H E R
N E O Y Q G G G M B J P L L T N
I R A R C P M N R B D J K S J N
M I T N H O J Y T B U R I N B T
A C P J I C U V Q S G U T J K G
E A T Z R M A N T N Q B B T R T
R N J N M L A I T Y Q B T X B B
D P Y Y D D F L N R J M R G M T
S H L D L Y D Z K R Y Z W Q Q K
Y A M G M N B K J I O H L K J J
A R N Q B L B K M N N F O K Y V
W O X R D L T K D Y B G I U N Y
L A O D W G J R L T B N D L S T
A H N K D B P T M N D B P O A E
R G P T L Z R J V Z Q G Y L M C
```

**Authentic**

**Country House**

**Justify**

**Always Dreaming**

**Nyquist**

**American Pharoah**

**California Chrome**

**Orb**

**I'll Have Another**

**Animal Kingdom**

*See answer on page 191.*

# World History

## Mid-19th Century Humanities

```
P I E R R E A U G U S T E R E N O I R
O S I N T R M T V T Z P Z L D N J D L
R N J M R O Z M N Y R L Q D D Z Y B T
R E N C P R I A N I E L P N E X M L W
A K P D L R J L J R N P V Y T M B T J
S C A Q L A E T E M S I L A E R M Q K
S I R Z T Y U S M S N V N B J J Q Q T
I D I D B P Y D S T T V N R W B R P Z
P S S N D K K O E I B L L Q Z T T M L
E E O B M M L B T M O V B D Y L Y R N
L L P P B R N K B S O N Z N D D L G T
L R E X T L B L T V L N I X Q T J L Z
I A R Q R L G N T Y L O E S M G Y Z K
M H A Y Z J B D K M G D T T M L K T N
A C R M Z T R B M N W R T O J N B K M
C Z L D Q P R B X L L X Y L E J R X X
T L Y D Z D Q Y R R L N T Y R L V L D
```

**Paris Opera**

**Realism**

*En Plein Air*

**Impressionism**

**Claude Monet**

**Camille Pissarro**

**Pierre-Auguste Renoir**

**Charles Dickens**

**Leo Tolstoy**

**T.S. Eliot**

*See answer on page 191.*

# Location

## Wyoming

| | |
|---|---|
| **Bighorn** | **Cheyenne** |
| **Great Divide** | **Yellowstone** |
| **Great Plains** | **Grand Teton** |
| **Rocky Mountains** | **Oregon Trail** |
| **Jackson Hole** | **Buffalo Bill** |

```
R Q Z B V Z B Z J N P S R N
J O P N V R M D D Q N J P W
A P C G R E A T D I V I D E
C B X K G O B W A L Y W O T
K L U R Y T H L P E J R Y N
S X J F P M P G L Q E W O L
O L P Y F T O L I G R T X E
N K Z M A A O U O B E G N Q
H J M E T W L N N T R N K G
O P R L S R T O D T E G L N
L G P T M R G N B Y A R X V
E L O W A B A R E I L I V N
N N D I J R N H Y G L Z N T
E Z L M G Z C R X T W L K S
```

*See answer on page 192.*

# Business

## World's Largest Vehicle Companies

```
N D O N G F E N G M O T O R
S R O T O M L A R E N E G D
T D Y V Z R N D Y J B V A J
O D W W O M K D L Y D I K D
Y P I J Y L B N V J M Y T L
O G B H Q G K K A L M I R W
T Z W L S Z K S E D A R M J
A P M G M I B R W D N B Q M
T R Z V B M B R N A R O T R
G J B B G Z P U G L G L H P
D J V B Y P Y L S N D E G B
R D B L X H R Y Z T J Z N K
O N T N Y G R R R Z I M D J
F P G B G N L J T M R M V R
```

**BMW**              **Hyundai**              **Daimler**

**Ford**             **Volkswagen**           **Dongfeng Motor**

**General Motors**   **Toyota**

**Honda**            **Mitsubishi**

*See answer on page 192.*

# World History

## 1900–1910

```
T R A N S A T L A N T I C R A D I O
S U A E V U O N T R A B P Q R J L Y
M R Y M N W N B M U R H P J V D D Y
M O E Q M L R Z T R O D Z R M V N D
Z J T H M M O L N Z Q I Q Q N B L
L N D I T Z M K O Y N A Q K M J P N
D N B J O O M G K Z L P I C A S S O
Z R G W B N R G W C L J R A P Q B
J G M I T A P B N Y D L I G J Y J Y
M V L B P X B I T L N N T Y L L B Q
M E X H T D S Q C H A W R W K Q W
S V S Y D S V Z J T G D T G D G M Q
I Z W N I R M L I K U I T D J N Z B
B M P U Z R R S G R X R R D X B G K
U R O T T X U Q W M J Z E W Y B D M
C L B L N L T L Z J N L Y N J B T T
```

| | | |
|---|---|---|
| **Automobiles** | **Transatlantic Radio** | **Cubism** |
| **Wright Brothers** | | **Louis Sinclair** |
| | **Phonographs** | **Picasso** |
| *Lusitania* | **Motion Picture** | **Art Nouveau** |

*See answer on page 192.*

# Arts and Media

## 1920s Literature

```
Y S I W E L R I A L C N I S Z D Z X
D R T H E S U N A L S O R I S E S M
L W U E J Y T B J M K P M P T Q X Q
A T T F R V D Z N V M T Y D W R M G
R H E D E N M D P J Q R L R E T Z T
E E E B Q H E X R J P Q B N H K X B
G W R Y Y X T S N N T K K E J P V N
Z A T D G D V D T M W L G W N Y N M
T S S R Y B J B N H U R J N B B Q L
I T N J M X T Z L A E B L B R T X B
F E I T M P T T F A D M L Y D P D M
T L A M P N S M T W L N I L T M D M
T A M T Y E A G N Z T T U N T R T Y
O N R W L I A M N P Z T Y O G R Z N
C D X I L T M G K T N L D W S W T L
S L O L S Z G L T M T T N W M E A X
F T I B N R X G B M N D G V N N H Y
L W Y M R T M Y M T Y Q V M Y X J T
```

**Main Street**

Sinclair Lewis

**The Great Gatsby**

F. Scott Fitzgerald

**The Waste Land**

T.S. Eliot

**The Sun Also Rises**

Ernest Hemingway

**The Sound and the Fury**

William Faulkner

*See answer on page 192.*

# World Facts

## Nuclear Powers

```
N  I  N  D  I  A  I  F  T  S
Y  O  J  A  V  M  R  V  U  G
Q  L  R  W  T  A  A  X  Z  N
L  R  W  T  N  S  N  B  U  W
L  B  U  C  H  N  I  K  B  Q
A  E  E  S  T  K  N  K  Q  M
N  P  A  B  S  P  O  N  A  Z
I  R  D  R  N  I  N  R  P  P
H  D  T  D  S  J  A  R  E  D
C  K  G  Q  J  I  R  J  J  A
```

| | | |
|---|---|---|
| **U.S.** | **India** | **Israel** |
| **UK** | **Pakistan** | **Iran** |
| **France** | **Russia** | |
| **China** | **North Korea** | |

*See answer on page 193.*

# World History

## A-List Historical Greeks

```
S V R A P Y Q X N B S Z
E Y A B R Y D O P A X N
N S V P Z I E N R W S G
A G E L O R S O Q U M A
H N K D C L G T L V T J
P X O A E A L Y O H B P
O M N H X M H O E T O B
T A L A P C I N N S L L
S G N K S I A H E I D E
I A Z E K E T A C Z U N
R T A M U J N N Y R P S
A V W S R Y T L A M A T
```

| Aeschylus | Antiphon | Aristotle |
|-----------|----------|-----------|
| Aesop | Apollonius | Athenaeus |
| Anacreon | Archimedes | |
| Anaxagoras | Aristophanes | |

*See answer on page 193.*

# World Facts

## Busiest Airports Outside North America

```
T U X I A N X I A N Y A N G R R C
S L I Z T J R D R Y Q W N M J H Z
K H B L Z O P G K T Q Y R V O K G
L N A N G R K Z Y R R X Z N Z U N
L A R N B N P Y R Y R N G J A W N
Z B T W G M A R O T L Q Z N B A B
M R P I T H Y U Z H I M G N O G N
K V Z T P P A N H N A Z P A Y J P
B N X B J A D I G S H N B L D L D
M V G T M M C J H O U N E M D T L
P Y D N Q N I G U O E D T D D M B
Q R M N I A Y B N H N T G T A V L
W B L Y N M A Y Z I L G R N M Z X
L J V G R I N B N J J Q W E M D
N T B R Y B E U M V P I Y I T H Y
D E N U Q H Q B K X V K E N A G C
I D N Y S J N N Y K M X Z B W O Q
```

**Guangzhou Baiyun**

**Chengdu Shuangliu**

**Shenzhen Bao'an**

**Chongqing Jiangbei**

**Beijing Capital**

**Kunming**

**Shanghai Hongqiao**

**Xi'an-Xianyang**

**Tokyo Haneda**

*See answer on page 193.*

# U.S. Facts

## Most Populated U.S. Cities

```
S E L E G N A S O L Y P
O I N O T N A N A S H J
N Y X Q G L O K Z I R Y
T C G I B E R T L T L Z
E Z H V N O I A S B P T
V S T I Y E D D S U M M
D L O W C E O A N D O Q
P N E J L A L H J A Z H
M N T P N L G X P D S G
W W H Y A A Y O L B Y Y
D I Y D N L S P N B J B
A V M G T D V N R W T J
```

**New York**

**Los Angeles**

**Chicago**

**Houston**

**Phoenix**

**Philadelphia**

**San Antonio**

**San Diego**

**Dallas**

**San Jose**

*See answer on page 193.*

# World History

## Historical Greeks and Romans—P

```
S H C R A T U L P Y M
P E O T A L P D P T S
R W D V P G Y O P A K
A P W I L H L N R T P
X M E T N Y I O I E T
I Y D R B E G D R L V
T J L I S A M I I P P
E L U L H I C R M A G
L S Q T X L U K A J S
E K Y B E L K S Z P G
S P Y S Q Q R M T K X
```

**Parmenides**     **Plato**        **Praxiteles**

**Pericles**       **Pliny**        **Pythagoras**

**Phidias**        **Plutarch**

**Persius**        **Polybius**

*See answer on page 194.*

# World Facts

## Busiest North American Airports

```
D A L L A S F T W O R T H B Z S N
L L A T N A L T A R Q P T Y A B R
O R A Y Y Y M N L E X J D L M O Z
S R J S K Y M L W V T V G G B L X
A R E M V M M R M N P U Z R Z J Y
N G T R T E D E O E O T A R M Z Z
G K L M A J G R X D R H N P M J Q
E T X M N H L A E I Y G G R L P N
L D Y J D A O T S K C B J M N N V
E Z W J N M T O S M R O T N Y G T
S T D D M O D X G L C M C M W K D
D K O R L J I L Z A D C T I J Q J
M T D R M N D B M D C V A Z T P Y
K K A V E N W T L N Q I W R T Y P
B H V O T D Y N P K D M H Y R J Y
C K H Y R Q B R Q L M Q X C M A N
V P P X Z M Z L K J X L P V M N N
```

**Atlanta**

**Dallas Ft. Worth**

**Denver**

**Chicago O'Hare**

**Los Angeles**

**Charlotte Douglas**

**Las Vegas McCarran**

**Mexico City**

**Phoenix Sky Harbor**

**Orlando**

*See answer on page 194.*

# Science and Technology

## Chemistry

```
C R M Y M E J G P T L T D Y T M K G
L H E Q D Z L N N B V R V S R N R Y
L M L B M J G E G P V Z E T Y D S B
Y Z N O I G K G M J L S R Y R I J Y
J D Q B R F N V X E A W D D S N T D
P Y M Q X O N L G G N D X O M P K T
N Y L D N R F O E J R T M W G P Y J
W J B X K P P L B P J S V M B Z L J
R K V Y Y O B M U R O J G D D B Y X
W R G Z L O E D O O A R J V T M B Q
P N T Y N Y Z P L L R C L L G A K D
Y Y M A N V M V O P E O T T S D T T
Z E D M C J T W V T T C C E L N V G
R J G R M I P B Z J O J U A B L T L
Z Y N Q T W D J V Y L S R L R G R L
R T Y J J W Q G D Y W M I N E B K L
N X N N Y L W R G Q R T Q B N J O P
R M L J T B Z D R L Y B J N R B V N
```

| | | |
|---|---|---|
| **Acid** | **Element** | **Osmosis** |
| **Base** | **Isotope** | **Polymer** |
| **Carbon Fiber** | **Molecule** | |
| **Chlorofluorocarbon** | **Noble Gases** | |

*See answer on page 194.*

# World History

## Notable Roman Emperors

| | |
|---|---|
| **Augustus** | **Trajan** |
| **Tiberius** | **Marcus Aurelius** |
| **Claudius** | **Quintillus** |
| **Nero** | **Aurelian** |
| **Titus** | **Constantine** |

```
S U I L E R U A S U C R A M
D E N A J A R T J V Q T J J
W A N M U M S V K U J S J T
N U C I Y R K U I V U M N V
N G L V T Y E N T I N E R O
W U A D D N T L R I M P M R
Y S U T M I A E I R T L X Q
D T D T L L B T P A D M R L
M U I L B I G S R N D W R R
V S U M T T Q J X N T J R B
K S S M R R D B N Z O T V N
D L W M Z N D Q B Y N C G Y
```

*See answer on page 194.*

# World Facts

## Hinduism

```
A V E D A S J I Z
R H I L O H L T Q
A P T M I A U A M
K U D R W N M N B
S R R I I R D H W
N A D T A B A I L
A N Y H V K E V A
S A D Q T R N R M
R S L I D J P Y Y
```

**Dharma**          **Unity**          **Holi**

**Vedas**           **Rebirth**        **India**

**Sanskara**        **Puranas**

**Bhakti**          **Diwali**

*See answer on page 195.*

# Business

## World's Largest Tech Companies

```
M  Y  T  Y  B  L  Y  N  Z  S
I  N  Y  S  R  O  O  R  A  D
C  O  I  N  A  Z  S  M  J  Y
R  S  Y  H  I  C  S  C  D  J
O  K  A  R  C  U  M  Z  H  N
S  L  E  P  N  A  A  O  X  Z
O  V  L  G  P  N  T  D  C  V
F  Q  D  E  J  L  T  I  V  K
T  Z  Y  D  D  M  E  M  H  B
```

| | | |
|---|---|---|
| **Apple** | **Samsung** | **Hitachi** |
| **AT&T** | **Sony** | **Bosch** |
| **Dell** | **Microsoft** | |
| **Verizon** | **Comcast** | |

*See answer on page 195.*

# World History

## Royal Family Lines

```
W I N D S O R N B V D Y B
R Y D Q L D M L Y Y R Y Y
O P B A P L M R D X D R Q
D R L M N T B W J N L J Q
U L P A R E T S A C N A L
T R B D N J S M T H M S Y
B R M M Z T R B A R N O M
P Z A K J O A N Y O R M D
B M J U N N O G X K Q R M
V D K Y T V N A E T T D X
N R G L E S S T T N Y P N
T T T R R R Y P T K E Y T
T M Q D L R R T Z Z W T K
```

**Saxons**      **Lancaster**      **Hanover**

**Danes**       **York**           **Windsor**

**Normandy**    **Tudor**

**Plantagenet** **Stuart**

*See answer on page 195.*

# World Facts

## Judaism

```
C M A H A R B A T N Z R
H I P A S S O V E R O Y
I T T T W L M R Y S Y Y
E O K S Y N M T H R O V
F R D L I Q Y H Q M D P
R A Q D L E A T K Y S N
A H W M M S H I G H L S
B X Q E H P P T A T C L
B Q P A R P N V O I J G
I D N R U B U T H N M G
S A V R R O E T M L O T
H T Y Z T V E H L M J M
```

**Torah**

**Abraham**

**Chief Rabbis**

**Passover**

**Rosh Hashanah**

**Yom Kippur**

**Monotheistic**

**Shavuot**

**Hebrew**

**Ethics**

*See answer on page 195.*

# U.S. Facts

## U.S. Military Awards

```
D I S T I N G U I S H E D S E R V I C E C R O S S
I R X R R Y S P P M W G J Y B V P G Q L Y T P B M
S D D B K M X O B U R V T L G J N Y R B P X W J T
T J R Y L G Z Y L L R I D T Z R P A R Y T T P R L
I Y X J P N B G L D R P M G O V T L G N T G G L N
N N D L X L Y Z V E I R L N L S T M N L D X J Y D
G M P L R T T T M W Z E O E R G B R N T Q R T P J
U Z D V K J B F J T R H R E H P N B G L V N J P L
I L N T L Y O J Z P F T V S N E L Y L V J N D B T
S T L V B N Y Q K O J L Z Y M Z A J R D O J L W Y
H P J Q O V J B L L I B X P L E Y R P I W N W L J
E R M I Y J B A L S Y T X N L P D N T Y P K L G T
D P G Q Y G D W T W V D B M N P N A M J M A M L Z
F E N N Y E T Y N L R D V R Z T D K L R D T T R R
L P L R M L T G Z N Q T B M O N R Q M E R R K B P
Y T J P M T K D Q Y W B Q N E N W W M Z M B P Z D
I I J Y D D D M D Q K R T M M X Z R J V T N L D J
N J K V Y P J P Q Q X J M R V P I E M B Z V V Q R
G Y N X N J M T M W J O Z R J A Q D S Z G V W R M
C T N G X M Z R Y G C J N G Y Y Y T N T R M R G V
R L L M M G Y D T Y N M B L N J D Z J M A L Y Y L
O X K M M Z Y T M Z L Y Y Y Q T K V V Y J X R L R N
S R T T B R M R R Q D D D Q D Q Z N J T J W D D D B
S Z M D Y D A J Y L P P J V T P T Y L B G L M J Y
```

**Medal of Honor**

**Distinguished Service Cross**

**Silver Star**

**Legion of Merit**

**Distinguished Flying Cross**

**Soldier's Medal**

**Bronze Star**

**Purple Heart**

**Air Medal**

**Army Commendation**

*See answer on page 196.*

148

# World History

## Royal English Names

```
H V B Z V B L J M L G G
T Z X B T R D S P M E Z
E M A I L L I W E O Q C
B D X A W N K C R M H T
A R H E N R Y G H A A R
Z A M R Y N E Q R A T J
I W A B J W E L J Y R L
L D R B R N E G G K L D
E E Y X G S Y N L N K Z
```

| | | |
|---|---|---|
| **Edward** | **Charles** | **George** |
| **Richard** | **James** | **Elizabeth** |
| **Henry** | **Anne** | |
| **William** | **Mary** | |

*See answer on page 196.*

# World Facts

## Most-Spoken Languages

```
P J R U S S I A N G
C O A C M Q J B S D
H E R P I D P P I Z
I N G T A B A L J N
N G A H U N A D Q Q
E L Y D I G E R V X
S I R S N N U S A K
E S H E J H D E E J
V H B Q R Y A I S N
J B N L Z T P L Z E
```

**Chinese**        **Hindi**        **Japanese**

**Spanish**        **Portuguese**        **Lahnda**

**English**        **Bengali**

**Arabic**        **Russian**

*See answer on page 196.*

# Animals

## Best-In-Show Dog Breeds

```
D N U O H R E E D H S I T T O C S
X F P E K I N G E S E Z E M S Q J
D P O M L P Z L R T J S L C D L D
A R N X W D L B R L I V O M T N X
F E E X T G O W M R K T T V M K N
F T L H K E R O F B T Y P R L Y Z
E N J Z P B R N P I K Z P L N R D
N I R M R E O R S E L G A E B T G
P O N M Y H H H I X G L L K T L T
I P K X C M T S M E G T Q L L Q T
N K Y I R E P M N B R M N W J D T
S R B J R B T Y B A N P Y B X R R
C N X R J J J B V D M K N N G T Q
H B I K T J B R R R P R Y R N M W
E E N V J D J Y K L N Y E M D Q P
R N Q X D T W M K N J D B G T R X
```

**Pekingese**

**Poodle**

**Fox Terrier**

**Bichon Frise**

**German Shepherd**

**Pointer**

**Beagle**

**Affenpinscher**

**Scottish Deerhound**

**Scottish Terrier**

*See answer on page 196.*

# World History

## Royal Scottish Names

```
T E R A G R A M L Z L N
T H M Y J D B N W L X V
K L T R Q W A Y R D T M
R O B E R T M V L D A N
J Y B D N L N A I L P J
A X Q N P N N A C D J M
M D B A R O E O C N K K
E R J X D J L K M N P X
S X R E R M Q T V A U G
B T R L M R Z L J V R D
T D T A B T K N G B Z Y
```

| Kenneth | Robert | Mary |
|---------|--------|------|
| Malcolm | David | Margaret |
| Duncan | James | |
| Donald | Alexander | |

*See answer on page 197.*

# World Facts

## World Landmarks

```
D U R H A M C A T H E D R A L
O T Y E Y P R B D N L G Y Y B
M P D J W W A B Q P L T J T R
E T V I T O Q R Y L I B E M Y
O R A Y M M T M T C W M Q G L
F T T W J A T G N H P J R D P
T L A T R J R E N L E E G P P
H Z M J P O D Y E I A N Q K M
E M D Q M D K O P T N M O X J
R J J Z I A F G W T N A L N N
O N M B Q Z H A N X A N E Y J
C Y R W E X L A Y A K E P L Q
K O X U J L M B L J K Q R T T
F B S Y G R D R K V R Y N G V
```

**Great Pyramid**

**Parthenon**

**Temple of Zeus**

**Dome of the Rock**

**Angkor Wat**

**Durham Cathedral**

**Forbidden City**

**Great Wall**

**Leaning Tower**

**Taj Mahal**

*See answer on page 197.*

# Location

## Beijing

```
H A L L O F S U P R E M E H A R M O N Y
E N E V A E H F O E L P M E T R Y J L J
T R T F T B D G D L J R Y V J T D Z D Z
E K A B O X E M B B L V D D G Y J Z Q G
M R J U P R M I W Z D M Y K U V X K W M
P A K Y Q X B W J P N T T A R T Q B J J
L P R U Y S T I J I M K N B T L T K Z Q
E C W V N M N V D M N M N M D D J D K X
O I J L T M Y E J D I G T Y R D V R J R
F P Z K A G I V M N E D Z Y Y B Q G G M
T M B L Y M Z N G N M N R O M P B R N T
H Y D N R R A Y G W A J C G O R R N N G
E L Q L L X U T T L T N T I G Y B D Y W
S O Y T K A T R E P A P A D T J N Z T D
U P N L N W Y Y J M X K T I L Y Y T K Z
N D L P V X X N Z N P X E R T T G B N N
M L A Z L Y V Q J Y M L Y M G Z Z K V W
J R X V L L Q N M T X N E L W M L Y R M
K B R D V R B B B D R N B Y M Z T Z K L M
```

**Forbidden City**

**Tiananmen Square**

**Temple of Heaven**

**Lama Temple**

**Beijing Zoo**

**Yuanmingyuan Park**

**Olympic Park**

**Kunming Lake**

**Temple of the Sun**

**Hall of Supreme Harmony**

*See answer on page 197.*

# World History

## Royal French Names

```
C F H U G H T Z N R G Q
H X R N G Z T K D B J R
A Y R A B W P X S L S V
R L G R N M D I O E L J
L N Z D R C O U G P S P
E J O J M ç I R T A H P
S N M E N S O S L I N B
Y B R A L E B O L H T Q
Z K R P G O C I O V R X
R F T B J I P J B V B G
M D B D N T X A D M V N
R K L Z K T T J N Q V J
```

Louis          Francis          François

Philip         Hugh             Nicolas

Charles        Napoleon

John           Georges

*See answer on page 197.*

# Business

## Largest U.S. Companies

```
Y A W A H T A H E R I H S K R E B
C M D L R B V N M N Z D V M X W X
H V J L I K B M Q K M V T M R N N
R T S G K B M C K E S S O N R B Y
J J L H Z R O G T L D T T X G A D
Y B Z A E N T M M R Q W D Y L N K
C J L L E A J P N X N A P P L E D
O D D Q N H L Y J O G D H R L N V
S V V R J A D T Z N X A Z X Y Y K
T D P J M M N E H R B X T L V R W
C B W A L G L N T E B R E B N L N
O N Z T Y J K N T I A K R X T B Y
G O M D B B D K M M N L R V R T W
N W L D L D X V L L J U D Q Z L M
D W Y X D W L A D B R N N R B L T
M Y R T R L W T T Q Y B L D T X L
```

**Walmart**

**Amazon**

**Apple**

**CVS Health**

**UnitedHealth**

**Berkshire Hathaway**

**McKesson**

**Alphabet**

**Exxon Mobil**

**Costco**

*See answer on page 198.*

# World History

## Chinese Dynasties

```
Y  G  R  J  D  M  P  J  R  N
D  B  N  D  Y  H  R  D  R  N
J  N  L  I  A  T  R  J  Q  Q
V  L  B  N  M  R  Q  B  N  P
S  Z  H  O  U  A  I  X  G  N
D  H  L  R  T  A  N  G  A  Y
N  P  A  X  D  I  G  U  Q  B
I  N  G  N  X  M  Y  X  P  B
Q  D  T  B  G  W  L  M  P  Z
```

**Xia**          **Han**          **Ming**

**Shang**        **Xin**          **Qing**

**Zhou**         **Tang**

**Qin**          **Yuan**

*See answer on page 198.*

# U.S. Facts

## Grocery List

```
S E O T A M O T D E N N A C
S B V P V J M D G L D X R B
S E N R K V T W V B Y L Q X
A A O D K B N T L G K Z P W
P G N T O M A T O E S W N J
P S T A A Y R E P G D Z E L
L U T X N T Z D E Q N C V P
E G Y D Y A O T Y F U W G K
S A X Y J N B P M T F P R P
N R D L I B V M T G Z O R D
B R V O E R N E K G M L C N
V T N E R D L T P M G L D X
Q S R D G Q R R P G Y Q Z P
```

| | | |
|---|---|---|
| **Sugar** | **Coffee** | **Tomatoes** |
| **Canned Tomatoes** | **Bananas** | **Beer** |
| **Potatoes** | **Apples** | **Lettuce** |
| | **Onions** | |

*See answer on page 198.*

# World Facts

## Countries With More Paid Vacation Days

J N N B D N A L N I F M K
J Q B G K Q B N Y L A U J
T T R K W K Q Q D L Y L M
G J R N I A V J T Y K Y K
T R V L Z C I A B J G K J
J V U D A E E R L L Z R N
M D B O C G T L T T B V T
N W E N B N U L A S J N Q
R L A N E M R T Y N U W X
B R Y D M D E R R D D A R
F M E W W A J X Y O N J R
R W J D D J R L U M P P T
S J B J Z J K K T L R Y T

**Luxembourg**    **Finland**    **Malta**

**UK**    **Denmark**    **Portugal**

**Sweden**    **Austria**

**France**    **Iceland**

*See answer on page 198.*

# World History

## Periods of Japanese History

```
U K O G N E S T R T B J
N A M B O K U A A R T J
F O G X N N G R S B V W
U T T M J T U D D U L V
J A L B O K N J N V K M
I M L L A M B B Y N J A
W A I M J R O M R T R M
A Y A J E V T Y R V N D
R K W I I J B K A A K L
A R W N V E N N R M G R
L A J V P Y M A D J A T
```

**Yamato**     **Kamakura**     **Meiji**

**Asuka**      **Namboku**      **Reiwa**

**Nara**       **Sengoku**

**Fujiwara**   **Momoyama**

*See answer on page 199.*

# U.S. Facts

## National Monuments

```
G I L A C L I F F D W E L L I N G S
E G D I R B W O B N I A R D L C N X
D M K F Y J P A D Y S L E R R Y T Q
B N E Y O G D T C N T V Z A N G R R
J P D V Q R M T I O I O T Z M Z D N
T R B Y A R T U T L M E N B L M J J
X N X R W C R U S R R A V T Y Q Y T
L T N P J C S T N S Y W M K O J K T
T L L E J O O O I R R G M L B D B
Z M A T W W Z F G K O Q T K O Z P M
L J Z W E W T Q Q O N N Q J W T X Y
R A N R E H G Z J N L Z N Y X H J
Q J X R E N Y R Q N Y A T T J T L D
Y D W M D J O X D Y B L P B D J N T
T M O K T L P T D R N L Q M W Z B B
R O L Z W P W B S J T J Q W I R N P
N D M L J J R Z Z M P X T Y Z T M W
```

**Aztec Ruins**

**Craters of the Moon**

**Devils Tower**

**Fort Union**

**Gila Cliff Dwellings**

**Rainbow Bridge**

**Stonewall**

**Timpanogos Cave**

**Tonto**

**Waco Mammoth**

*See answer on page 199.*

# Answer Key

## NBA Teams

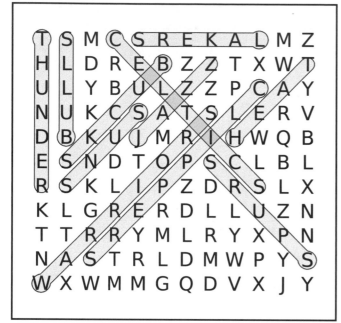

## 1960s

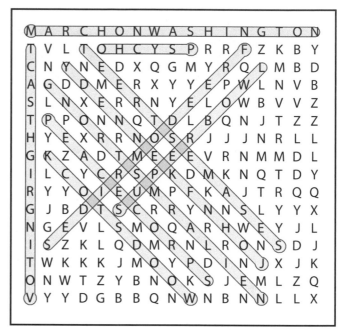

## Early Mesopotamian Civilization

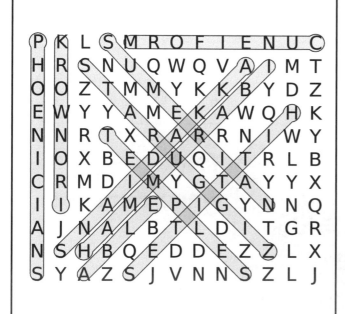

## Leading Businesses— Apparel

## Modern-Day Writers

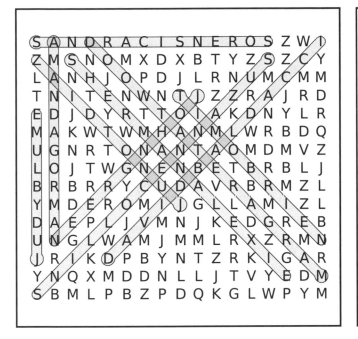

## Notable Architecture

## Record-Breaking Steel Roller Coasters

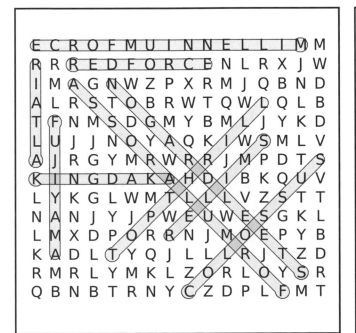

## U.S. National Parks

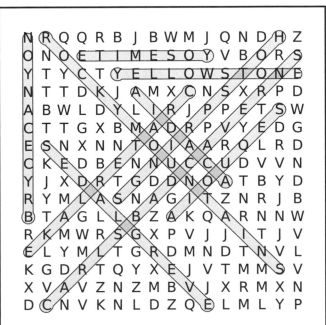

## Venomous Snakes

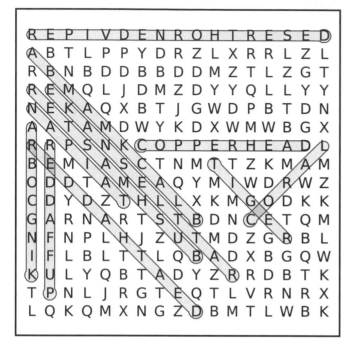

## Oldest U.S. Universities

## Mongolia

## 1980s

## Major League Baseball Teams

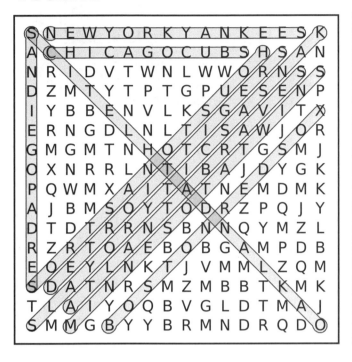

## Early Egyptian Civilization

## A-List U.S. Corporations

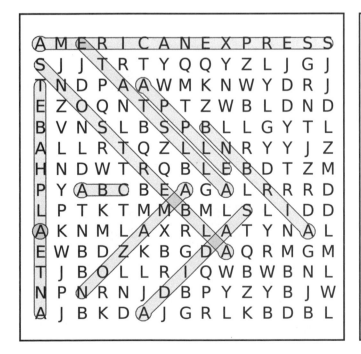

## Greek Classics

## Popular Podcasts

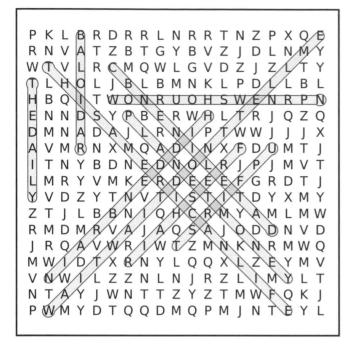

## Major Religions

## Space Missions

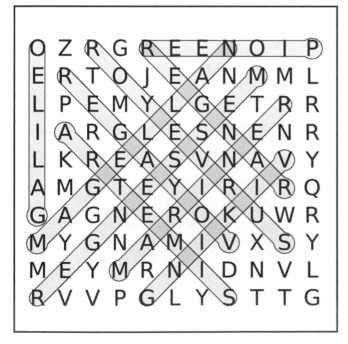

## English's Borrowed Words and Phrases

# Venomous Animals

```
R E D I P S E S U L C E R N W O R B
B O O M S L A N G S N A K E J T W W
R R K Z P N W Q Q N T W R T R L B Z
E J D L I B T N N Q N I Q Y Y B R Y
P N D X T Y O B N P L T N R Q T B M
T G T T M R X L L W B D G R D W Z
I K Q N I B T W J P R K D B R A W G
V X R J N L N M O E Z L N J S A B J
T I V R N G D Y R T D L O A P V R Y
I P M Q R C R M X D I L D J M D Y Y
P N K Y B O V J W L P U W Y T B K X T
N A B N G B V G M R T J D K F K R M Y
A I J J D R J B O N N Z J D C I L X P
I S N Z T A N C A R B K M Y T A S Q K
S A R T T V S R T W D K Z N R L L H W
L Q Z J J A D D Y L R M Q W L V B L
N Q N N T M L Z L B Y W X D R D P X
```

# New U.S. Universities

```
E T A T S A I G R O E G E L D D I M
W W S E D A L G R E V E L K W B L D
S R Q A T C M N G Y G T J D T Y B B
B A G R O T A K D W L L M A J Y G D
B V X M R C K L J B W L T M W N W T
Q B K E R R F N I B Q S K T K R L Y
R B M Z T K J L B F A Y J M W L P D
R Z M L H L M U I O B N A G U Q T
N B P B L Q T P N G D R S T R G T
P H O E N I X R K X A H N D V R T D
P M L D T X O Z O N I D U I R N N W
L L L R L F D D Q N G E I G A X G Q
W D G W I R V T G D V Q R M P W M
Q J N L V Y L T K R D J X O D D D
B T A V Q Y O L J M D B W Z N L D J
G C Z V D N K R M T Q J Z M R D F R
```

# Canada Capitals

```
N D K R Q P N V D D B J X N
J J T O R O N T O K B Q W J
X X G A R P W W R X J O Y J
X A W Y I R J R R G T T P R
E F B R W R N Y E E D Y O B
D I D W L H O P T L G U B T
M L T T K Z I T J Q E I G Y
O A D M J N O T C B V P N S
N H T M N L Y R E I T J N A
T D D I R Y K C B H V H D Q
O D W A J N Z J Y M O Y Y Z
N M H J M K K N L J D R K N
M C P T M B W Q T R B D S K
J T Z Z N Y Z S R Y J K L E
```

# 1940s

```
F R A N K L I N D R O O S E V E L T
T I R T J K G V P M X Y Z Y Y N G R
M R X L P L W T M Q D D M D D L W P
M O G N J J R Z Y Z W N N L M D R M
Q N C I O N M L D P J Y P L O Q L Y
R C A B B S X B D V Y M T K N R Q V
O U S A W I N D P B W H L B R J N V
B R A B Y R L L I D M I A Y W T P T Y
R T L A O D L B J O O T Y J W W M Q X
A A I N O Y K M S M F R T K T D Q R B
H I N K W H A L M R E T T Y W Q D
L N M C Y I Y D L N B I D D M T D
R Z A A M M G J R L B D G K R L Z T
A J D A V D Q N M N D T T H C R W V
E P D T D J V K N J Y M X L V T A B J
P B M Q Y P Y Q B D N G Y Y L V S R
```

## Athletes Who Started Young

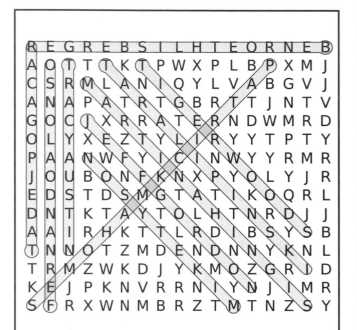

## Mediterranean Empires

## Top U.S. Industries

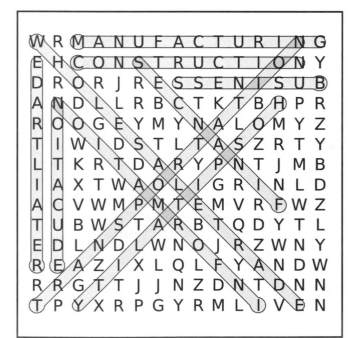

## Early Rome

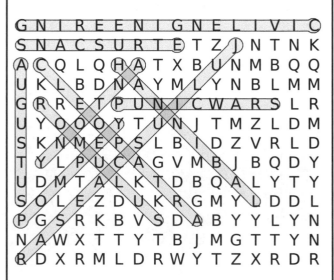

# Popular Magazines

```
G N I P E E K E S U O H D O O G V
S N R W W G L Q Y D M Q C B B N Z
O N M D T M J L L K A C B P Q N
U X M T V Y N T J B R N G V G J Y
T R K N B B B N X A E O N T B S L
H X L R X N Q Y N S L T Z Y M L B
E Q N N J Y P D S F B Q R I R R T
R R G V Y K D E D M D Z T E R N R
N K S R Q R L I Z M G H L N B P Q
L G D T I K G Y X D S P T Q K V N
I W P V N E P X J O O T D P T T J
V Y E B S E N T N E D L I E L L E
I B R T N Y R I P Y P K Y M R N Y
N L Z V R W A A M L V V J R B Q Q
G M V Y X N B B P L T R T K R P Z
```

# Desert Countries

```
N A T S I N A H G F A S M
A N D O R R A W X Q E Y N
R R J B Y Y R L P T Q I N
Z W R L L D A D A D G N Q
K N V N B I N T A E W R M
N M D D B O S A R H V M D
Q G Y I R D T L D M C X R
L X M A E K V S I U N X T
M A T T D D R P W B S N J
N A I L K B X Q V A Y T M
Q N K J D Y Y V B N A J
U Z L Z N L L D B Y R A J
```

# Record-Breaking Wood Roller Coasters

```
S N T L R J X B T M N V N Q R N
H J T L D B Q Q X S N Y Z Q L Q
I M N L G J B D K K A T M T R D
V E G A Y O V E H T Y E Y N T Z
E W I L D F I R E R Q Z B T Q T
R S Q L M N R B T Y J O V E P R
I J U Z M X J Y P V V R R O H O
N L Q S Y R B Q W M S O U X R T
G Z Y D S J E B Y S B T R N Q L
T X X G W O R T E M L L V M B N
I Z T D O T L R I A M E B W J M
M L W M J L P O W P P Z G P L G
B D N D Z X I R C T U Q W R T J
E R P Q E Q U A B M N J M R R N
R B T T Q N J T X Z N D L V J
S D X Z T M M L Q H L Y M Y J M
```

# Republican Presidents

```
M Y J R Y R J L Y Y M D P
R E W O H N E S I E M M L
N T R O E M L A D N U Z T
L T L S L G J R G R Y F X
O A N D E B D D F T A A Y B
C M V N T O I H T N T R
N R L E Y R M O L B Z G M
I G T L D Z O J G O G W N
L L N T B V V Z Z M O L D
Z B N M E L J G L D M C M
Q T L R B J L L J T M Q B P
```

# Fast-Paced Animals

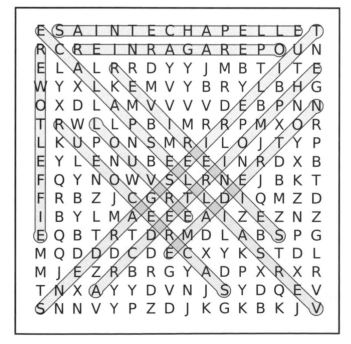

# Private Universities

# Paris Landmarks

# Statue of Liberty

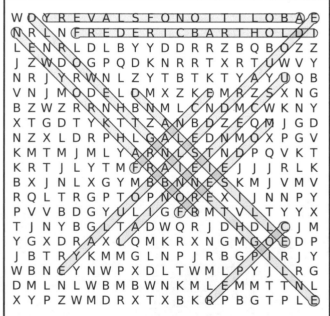

## Recent Scandals

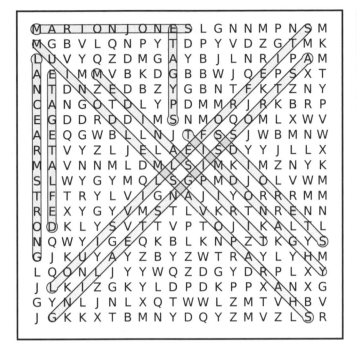

## Early Christianity

## Leading Businesses—
## Commercial Banks

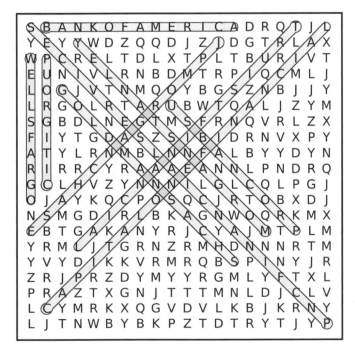

## Early Islam

# Emmy Awards

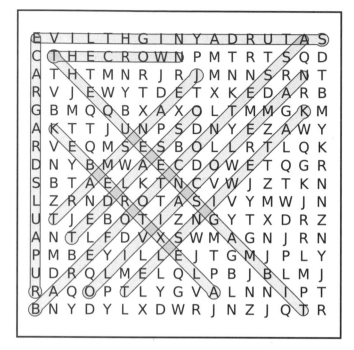

# Deserts of the World

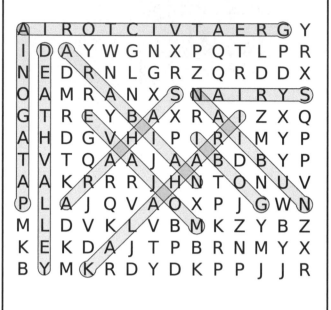

# Volcanoes

# Democratic Presidents

## Animal Assortment

```
H S Q U I R R E L R R Y T C
G T G E L E P H A N T N H P
I A O A N Y J P J W Y I Z D
A B K L R Q Z V Z L C D T N
N M G J S D V J M K V T W Q
T A T Q D D E Q E Q R I P D
M Z N D X E N N J L I K T
O K K D B R S O S D G M M Y
R C M D T P G M T N R G W Z
T A R M I Y J U D E A G K J
O L L D M M R R M L E I V W
I B E M J K Y Y L T R R L K
S R M Z E Q R Y J X R L H L
E M Q Y P T L J Q Z L D J T
```

## Budget-Friendly Universities

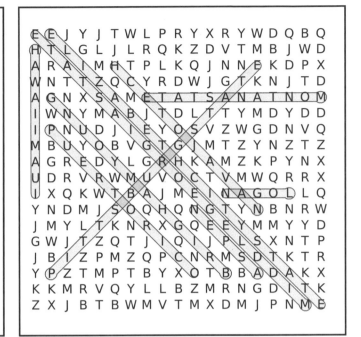

## Rome Landmarks

```
D M Y C L R O M A N F O R U M Q Q
D Z L Z L E T K R D X D Z D G S R
M Q L Q B I P X Z L R L Y G T V Q
S K E W N B H A C R M L D P N J T
T U R S T I N E H O Y Z E L Y Y R
J M M G E A A N N C L T T N Y Z L
D W L C H R T M I E O D K R J P M
Q R X I X R G N N R T N S L N N W
R D T N Z A O R S U B A I S M J J
W A M M Y E M B O Y O D L T E N G
V R D R H G A S J B Y F L A S U T
J T Q T J S V M U N A X I P I M
W T N Z I D R M Y C M L M V Z B S
B A L L M Z M N X Q R L L N E Y B
P P I G Y M V X B T Q I K I Y R T
W C M M Z X L L T N Y B C M V K T
A M V D P M L R Y J D Q D D T D W
```

## Declaration of Independence

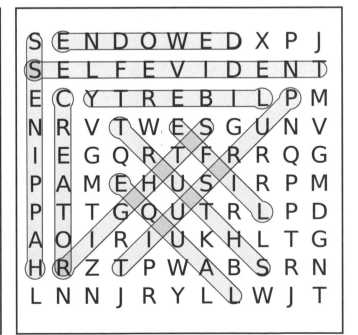
```
S E N D O W E D X P J
S S E L F E V I D E N T
E C Y T R E B I L P M
N R V T W E S G U N V
I E G Q R T F R R Q G
P A M E H U S I R P M
P T G Q U T R L P D
A O I R I U K H L T G
H R Z T P W A B S R N
L N N J R Y L L W J T
```

## Olympic Games History

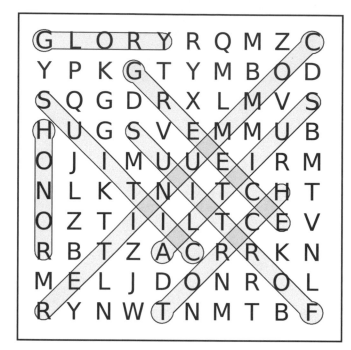

## Byzantine Empire

## Leading Businesses—
## Life/Health Insurance

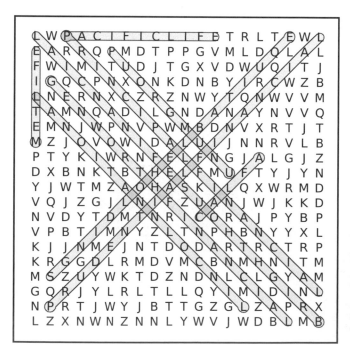

## The Crusades

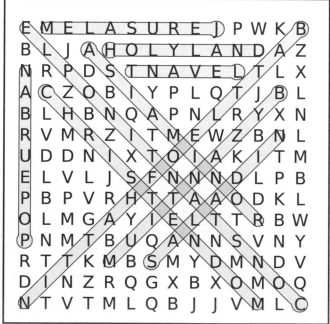

## Largest Countries by Land Area

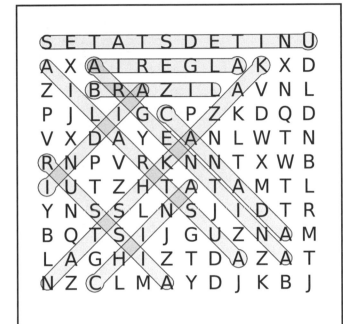

## Money-Making American Movies

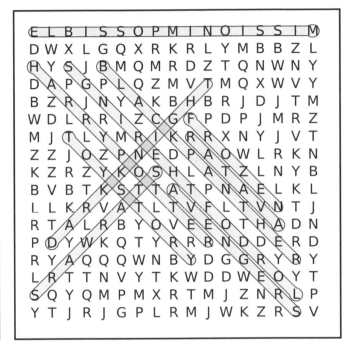

## Notable Volcanoes

## First Names of First Ladies

# Popular Cat Breeds

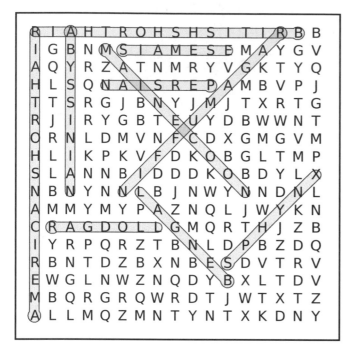

# Esteemed Universities

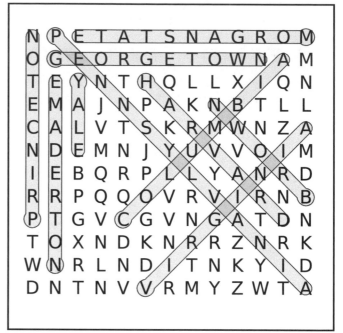

# Washington, D.C. Landmarks

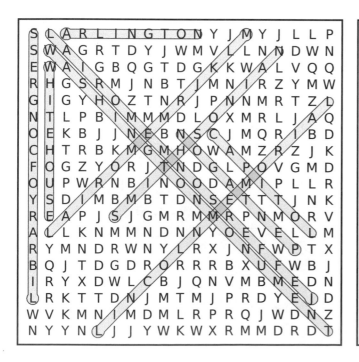

# Preamble to the U.S. Constitution

## Olympic Winter Sports

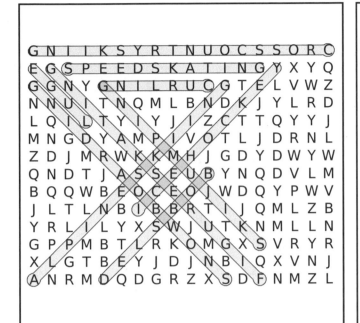

## England in 1350–1600

## Leading Businesses— Food Products

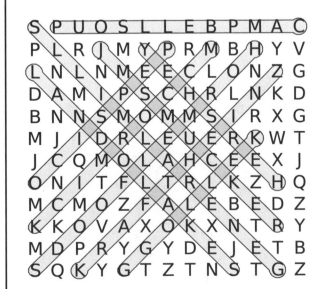

## Mughals and Safavids 1350–1600

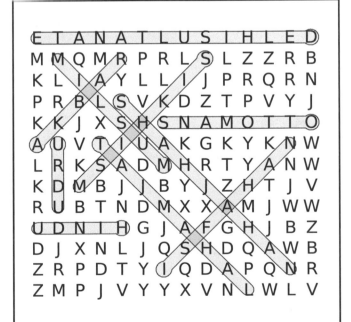

## Top-Dollar Classic American Movies

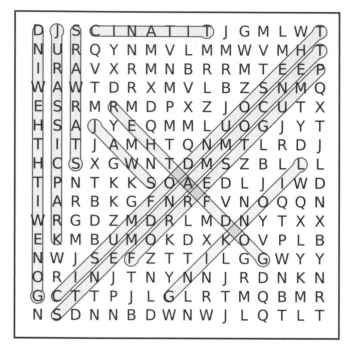

## State Capitals

## Smallest Countries by Land Area

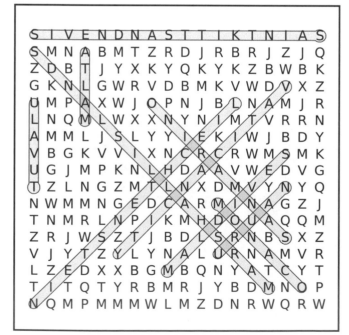

## Largest Countries by Population

## Toy Dog Breeds

## Universities With Large Endowments

## Hawai'i

## 1972

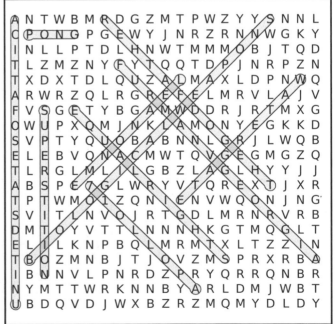

# Olympic Summer Sports

# The Reformation

# Leading Businesses—
# Property Insurance

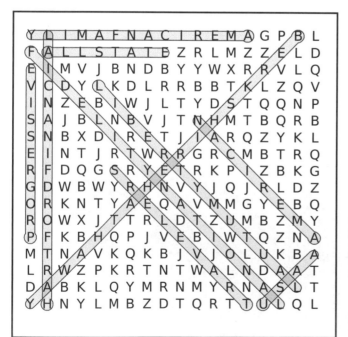

# Scientific Revolution

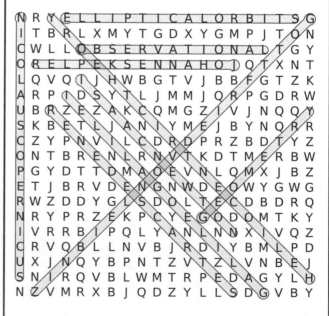

## Famous Classical Composers

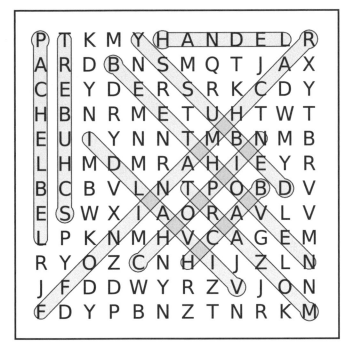

## Densely Populated Countries

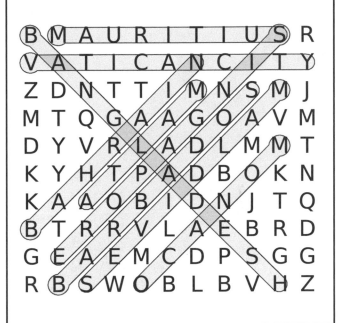

## Leaders on U.S. Currency

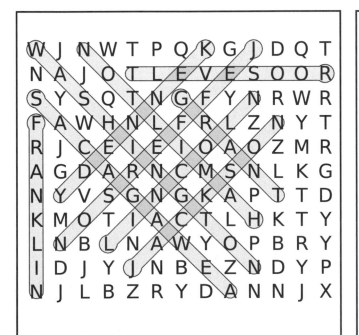

## Cities With the Tallest Towers

# Sparsely Populated Countries

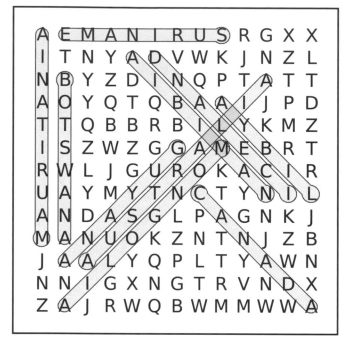

# Groups of Animals

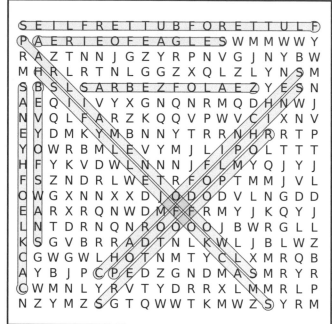

# National Spelling Bee Words

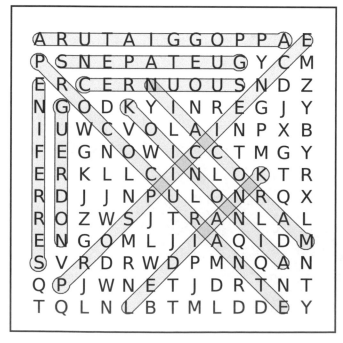

# Michigan

## 1997

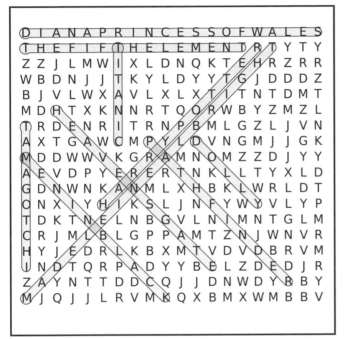

## Recent Heisman Trophy Winners

## High Renaissance

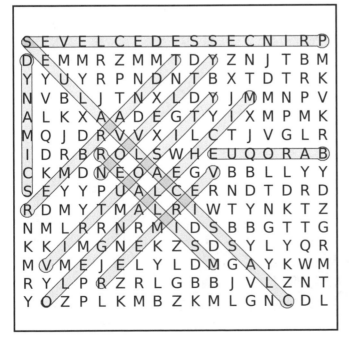

## Leading Businesses—Retailers

# Commercial Revolution

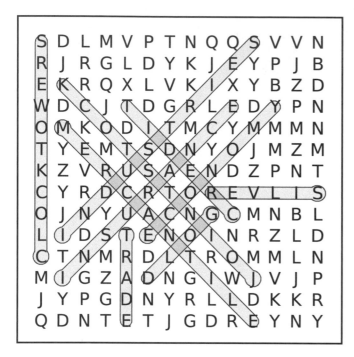

# Famous Country Music Artists

# "Hello" in Ten Languages

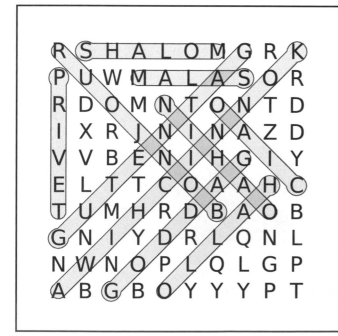

# Anatomy of a Cell

## Top Foreign Development Aid Donors

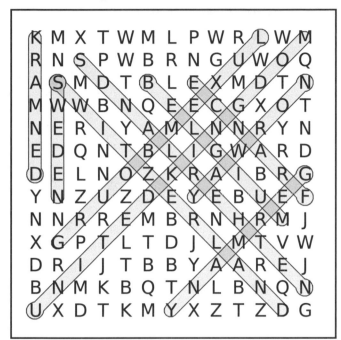

## Baby Animals

## Busiest Passenger Airlines

## Louisiana

## Longest-Running Broadway Shows

## Recent Super Bowl MVPs

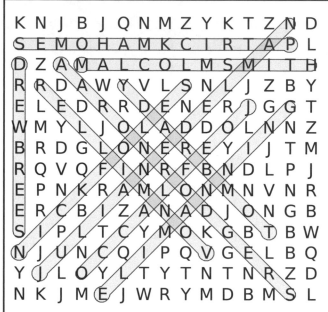

## Enlightenment

## Leading Businesses—Gas & Electric

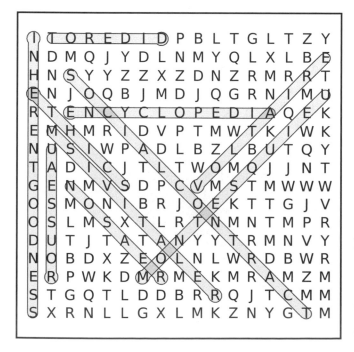

## French Revolution

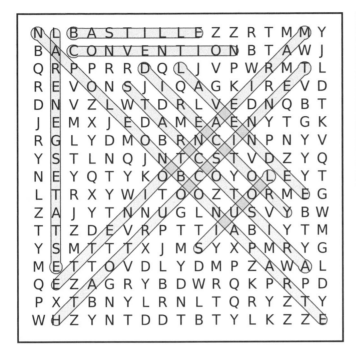

## Early Christian Art and Design

## Nations Beginning With C

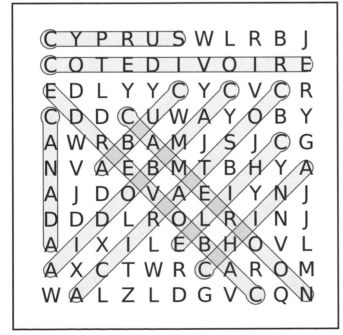

## Laws of Physics

## Nations Beginning With M

## Long Lifespans

## U.S. Representatives to the U.N.

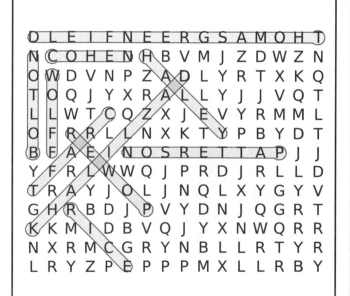

## NYC Landmarks

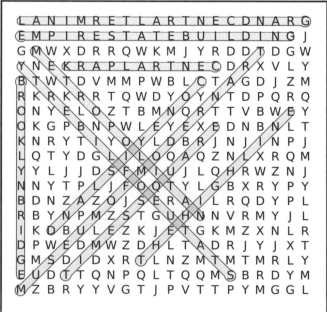

# The Bill of Rights

```
V S J Z R Z R Q B D Q Q J J D T R L N
S X T K Q N L N T T D J R M G J X X P
E Q T H B X Y L K Z J B T W S L Z N L
A M U V G R R R M X D N G T M W D S M
R T L A R I G H T S O F A C C U S E D
C H N D R P K Y T W T Z T S E J B J
H C L E R T N D T M E M R M C R J N D
A E D N M M E L E S Q I R O B J T N M
N E Y L G H Y R R T A A R D B R Y B Y
D P D P G Z S I I A P K D P V N M Y
S S X J N N G I B N E R V N X R J B T
E Z L D Z H W Y N U G G E Z T Y J K M
I Q D T T L J D D U X M Q M N B V B J
Z L J S P U N T Q K P Q M T U Y N K L
E D P L R Q M K K M X R R Q R N J Z W
Y L N Y D J R J M D Y J Y V D E Y K
Q Q G D B M B W X J J J K A M Z Z N T
Q G L N T G T T Y L R T R Y F V T J U
```

# PGA Prize Winners

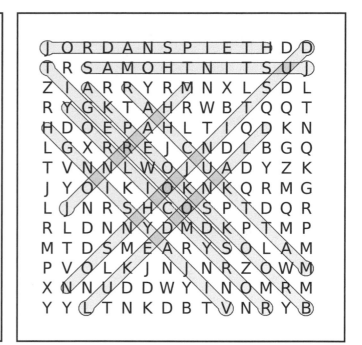

```
J O R D A N S P I E T H D D
T R S A M O H T N I T S U J
Z I A R R Y R M N X L S D L
R Y G K T A H R W B T Q Q T
H D O E P A H L T I Q D K N
L G X R R E J C N D L B G Q
T V N N L W O J U A D Y Z K
J Y O I K I O K N R M G
L J N R S H C O S P T D Q R
R L D N N Y D M D K P T M P
M T D S M E A R Y S O L A M
P V O L K J N J N R Z O W M
X N N U D D W Y I N O M R M
Y Y L T N K D B T V N R Y B
```

# Romanticism

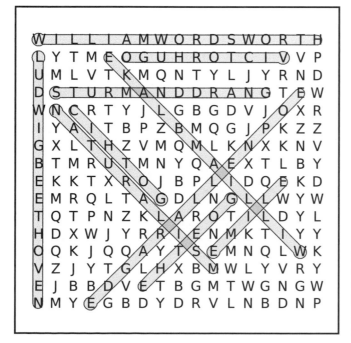

```
W I L L I A M W O R D S W O R T H
L Y T M E O G U H R O T C I V V P
U M L V T K M Q N T Y L J J Y R N D
D S T U R M A N D D R A N G T B W
W N C R T Y J L G B G D V J O X R J
I Y A I T B P Z M B Q G J P K Z Z
G X L T H Z V M Q M L K N X K N V
B T M R U T M N Y Q A E X T L B Y
E K K T X R O J B P L I D Q E K D
T M R Q L T A G D L N G L L W Y W
H Q T P N Z K L A R O T I L D Y L
O D X W J Y R R I E N M K T I Y Y
V Q K J Q Q A Y T S E M N Q L W K
E Z J I Y T G L H X B M W L V R Y
J B B D V E T B G M T W G N G W
N M Y E G B D Y D R V L N B D N P
```

# Top U.S. Franchises

```
S B U S S E K I M Y E S R E J
E S D D B U Y R K T P M W Y T
Y S P N P N K L B I C P N Y M
E E M S Q K D N L D V M W V Q T
P N B V D W P C O W G Q T B Y
O T S K T L T N D M Q G J D
P I T R Y A A Z Y U N G D D L
Q F J T E L C M D K K K B L
M T O R D V N O W Z M K R J T
J E G S W O L M B B L T I N M
J N J R M M L U B E R M N N T
Y A V U R N T P C M L K Z Y D
N L K R T M V B J J L D M X G
B P B G Y R R L G L B Q G T K
```

# Fin-de-siècle

E N A T U R A L I S M D P N K M M T T
C H X T L J Z Y Q B M D S M J X Z K T
I T C G D J W L W L X I Q Z Y Y M S Y
F T X S Z G G G Y J G Y O D V S I D T
I M Q T Z D T D K M R S Q E I N G W N
T H Z X L T R V U R C Q N T O D T W L
N J E V B T E N Y A D N I I T P V W Y
E Q Z N L K D I R P A L S K G L L D Y
I D T G R F V W N Z E S M S I L A E R
C D N Y R I I T E H E P R R T R G T R
S X X E N L K C P R C P R V Z D N J T
I M U D D Y N I P J M I M Y M N J B Q
S O M E L K J M B B X B R R N W Y Y L
A T D Y M J I B Q S Q W K D L J M J P
U Y B D M T K G L L E Z Y N E Y Y M M
O V M N S L L K V D N N Z T B T N Q
J J W O N M J M R Z G B J Y L R R D V
L J P Y R Z W K J J D R P M K W J F L

# New English Words

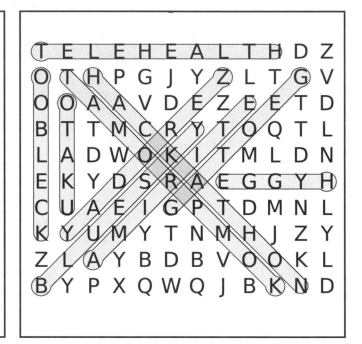

# Nations Beginning With T

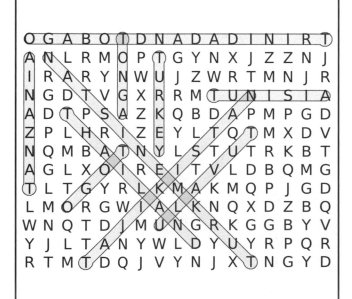

# Geologic Eras

## Country Capitals

## Popular Travel Destinations for Americans

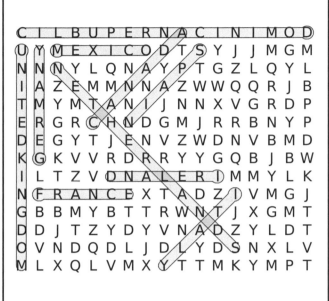

## Kentucky Derby-Winning Horses

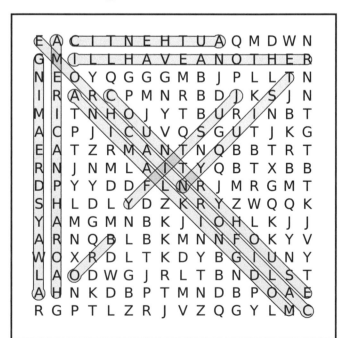

## Mid-19th Century Humanities

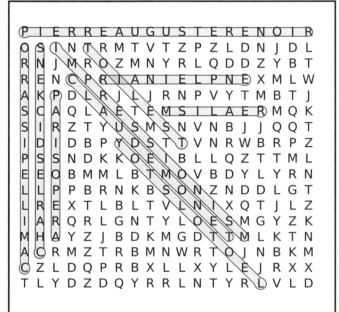

## Wyoming

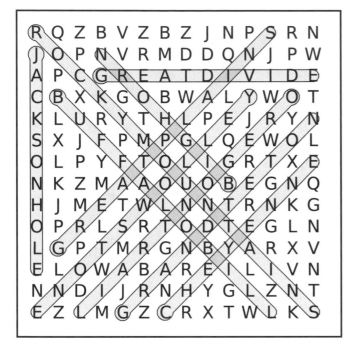

## World's Largest Vehicle Companies

## 1900–1910

## 1920s Literature

## Nuclear Powers

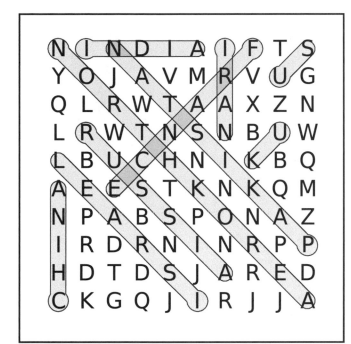

## A-List Historical Greeks

## Busiest Airports
## Outside North America

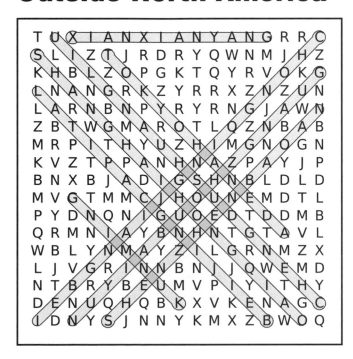

## Most Populated U.S.
## Cities

## Historical Greeks and Romans—P

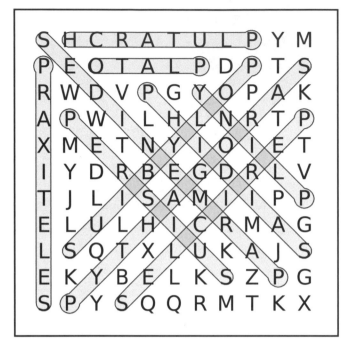

## Busiest North American Airports

## Chemistry

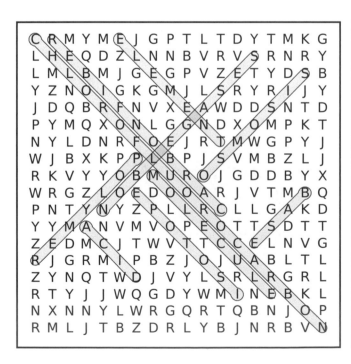

## Notable Roman Emperors

# Hinduism

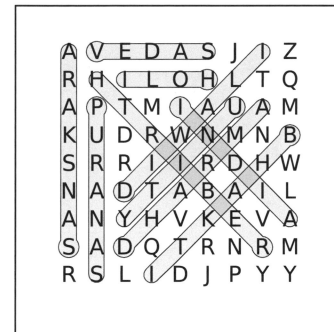

# World's Largest Tech Companies

# Royal Family Lines

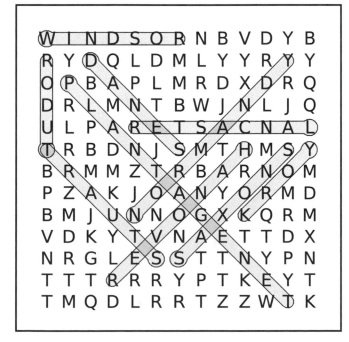

# Judaism

# U.S. Military Awards

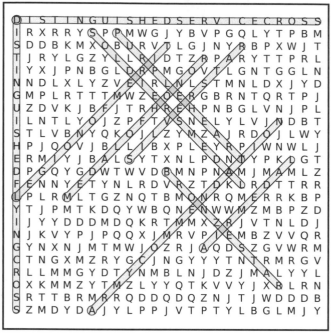

# Royal English Names

# Most-Spoken Languages

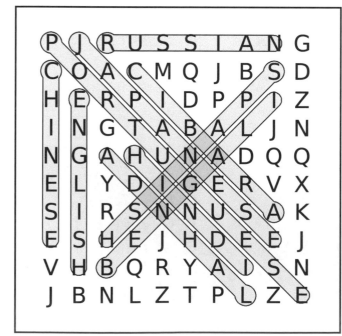

# Best-In-Show Dog Breeds

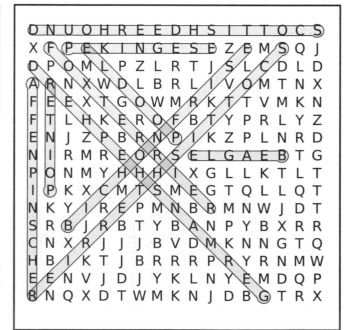

## Royal Scottish Names

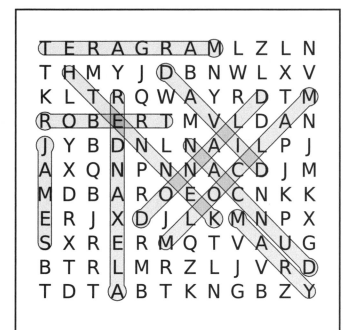

## World Landmarks

## Beijing

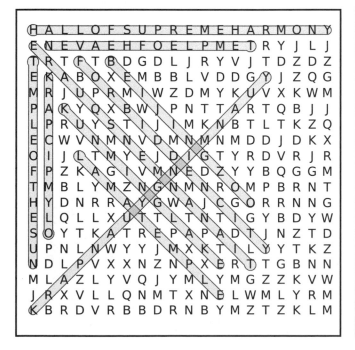

## Royal French Names

## Largest U.S. Companies

## Chinese Dynasties

## Grocery List

## Countries With More Paid Vacation Days

## Periods of Japanese History

```
U K O G N E S T R T B J
N A M B O K U A A R T J
F O G X N N G R S B V W
U T T M J T U D D U L V
J A L B O K N J N V K M
I M L L A M B B Y N J A
W A I M J R O M R T R M
A Y A J E V T Y R V N D
R K W I I J B K A A K L
A R W N V E N N R M G R
L A J V P Y M A D J A T
```

## National Monuments

```
G I L A C L I F F D W E L L I N G S
E G D I R B W O B N I A R D L O N X
D M K F Y J P A D Y S L E R R Y T Q
B N E Y O G D T C N T V Z A N G R R
J P D V Q R M T I O I O T Z M Z D N
T R B Y A R T U T L M E N B L M J J
X N X R W C R U S R R A V T Y Q K J
L T N P J C S T N S Y W M K O J K T
T L L E J O O O I R R G M L B D B
Z M A T W W Z F G K O Q T K O Z P M
L J Z W E W T Q Q O N N Q J W T X Y
R A N R E H G Z Y J N L Z N Y X H J
Q J X R E N Y R Q N Y A T T J T L D
Y D W M D J O X D Y B L P B D J N T
T M O K T L P T D R N L Q M W Z B B
R O L Z W P W B S J T J Q W I R N P
N D M L J J R Z Z M P X T Y Z T M W
```

# Also Available!

From the editors of the *New York Times* bestselling *World Almanac and Book of Facts* comes an all-new collection of large-print trivia challenges to delight and engage every trivia enthusiast. Build your own memory or challenge a friend to solve hundreds of head-scratching trivia queries.

**The World Almanac Brain-Boosting Trivia Challenges**

150 Large-Print Games!

8½" × 11"

ISBN: 978-1-5107-7431-5

Available from your favorite bookseller.